Horst Lütten · Mein Herz schlägt für Kain

Horst Lütten

Mein Herz schlägt für Kain

Genesis 1–11 für Menschen unserer Zeit

Die Deutsche Bibliothek – CIP-Einheitsaufnahme

Lütten, Horst:
Mein Herz schlägt für Kain : Genesis 1-11 für Menschen unserer Zeit /
Horst Lütten. – Stuttgart : Radius, 1997
ISBN 3-87173-135-8

ISBN 3-87173-135-8

Umschlag: André Baumeister
Gesamtherstellung: Clausen & Bosse, Leck
Printed in Germany

INHALT

Geleitwort

Daran, daß Horst Lütten sein Buch mit dem provozierend formulierten Titel »Mein Herz schlägt für Kain« veröffentlicht, bin ich nicht ganz unschuldig. Mehr noch, ich habe ihn dazu ermuntert, ja gedrängt. Doch erst einmal zurück zu den Anfängen! Es ist seit geraumer Zeit gute Sitte, daß Pastoren und Pastorinnen von ihrer Landeskirche beurlaubt werden, um nach Jahren seelsorgerlicher Tätigkeit für ein Semester wieder einmal an einer Universität zu studieren. So mischen sich diese unter die jungen Studierenden, um Vorlesungen zu hören und in Seminaren aktiv mitzuarbeiten. Sie hören das, was Professoren sagen und zu vermitteln versuchen, im Horizont ihrer Berufserfahrungen. Und so bleibt es nicht aus, daß die Professoren manches kritische Wort zu hören bekommen.

Zu diesen Pastoren zählte auch Horst Lütten. Er nahm an meinen Lehrveranstaltungen mit großer Aktivität, mit innerer Bereitschaft und reflektierter Kritik teil. Und mir war es in äußerst fruchtbaren Gesprächen - ich nehme an: für beide Seiten - vergönnt, zu erfahren, was ein recht kritisch denkender Pastor, dessen Auftrag es ist, seelsorgerlich für Strafgefangene zu wirken, mit meiner Theologie anfangen oder auch nicht anfangen kann. Ich bin für den Dialog - den *theologischen Dialog* - zwischen uns beiden sehr dankbar, vor allem für das, was Horst Lütten aufgrund seiner Berufserfahrungen innovativ in unseren gedanklichen Austausch einbrachte. Es waren weithin unkonventionelle Gedanken, es waren Überlegungen, die aus der angestrengten Reflexion theoretisch-theologischer Probleme *im Horizont der Realität* menschlicher Existenzen, im Horizont des Scheiterns solcher Existenzen, im Horizont der Überwindung solchen Scheiterns erwuchsen. Wir beide schonten einander nicht, wir waren ehrlich zueinander. Und gerade diese Offenheit des Dialogs - und nur ein offener Dialog ist Dialog! - führte uns beide weiter.

In genau diesem Zusammenhang forderte ich ihn auf: Schreiben Sie, was Sie umtreibt! Schreiben Sie, was Sie meinen, sagen zu müssen! Und er tat's. Er schrieb. Er, der täglich mit ganz unfrommen Menschen (die sind für ihn Kain, nicht die Straftäter) zu tun hat, ließ sein Herz für Kain schlagen. Er hörte ernsthaft auf die theologische Wissenschaft. Und er kritisierte die theologische Wissenschaft. Er hatte verstanden, daß nur derjenige auf ehrliche Weise Theologe sein kann, der die Theologie durch die eigene Existenz hindurch gelangen läßt. Theologie ist, wenn sie wirklich den Namen *Theologie* verdient, niemals die Sache einer rein theoretischen Fragestellung! Theologie geht - um noch einmal ein Wort aus dem Titel des Buches aufzugreifen - durch das Herz. Rudolf Bultmann hat das Programm der *existentialen Interpretation* für die Auslegung des Neuen Testamentes programmatisch formuliert und damit einen gehörigen Schritt nach vorn getan. Dafür gebührt ihm Dank. Aber es blieb bei ihm doch weithin beim Programm, es fehlte die Konkretheit. Existentiale Interpretation, die den konkreten Menschen ernst nimmt - das leistet Horst Lüttens Buch.

Was hat der Gefängnispfarrer gemacht? Er hat eigenständige *theologische Reflexion* geleistet. Reflexion, das ist denkendes Zurückbeugen auf sich selbst, auf die eigene Erfahrung, auf die eigene Existenz, um so die Existenz anderer zu verstehen. Solches Zurückbeugen bringt es aber notwendig mit sich, gefährliche Dinge zu sagen. Und so steht manches in diesem Buch, bei dem es den »Schultheologen«, zu denen gerade die Theologieprofessoren gehören - also auch ich -, manchmal angst und bange wird: Ist das auch theologisch »richtig«, was der Autor da formuliert? Aber wenn es in der *Theologie* um Leben und Tod geht, so ist sie von vornherein ein *gefährliches Unternehmen,* bei dem Reflexion auch scheitern kann. Ich sage auch ganz offen, daß mir bei einigen Formulierungen des Autors nicht ganz wohl ist. Was die sogenannte Richtigkeit mancher Aussagen des Autors angeht, so habe ich zuweilen meine Zweifel. Aber gerade um der Gefährlichkeiten willen, die in so manchen Passagen des Buches offenkundig werden, *mußte* Horst Lütten sein Buch schreiben!
Brav-fromme Meditationen gibt es genug. Das Unbrave, wenn ich einmal diesen Ausdruck kreieren darf, ist es ja, das uns antreibt, das uns zum Widerspruch reizt, das uns leben-

dig macht. Wo Theologie zu korrekt wird, da depraviert sie leicht zur Langeweile; da vermag sie den Menschen nicht mehr anzustacheln. Wem es also um theologische Korrektheit geht, dem rate ich, die Finger von diesem Buch zu lassen. Wem es um theologische Richtigkeit geht, der wird sich vielleicht an ihm mehr ärgern als sich bereichern lassen. Wem es aber um *Wahrheit* geht, um die Wahrheit dessen nämlich, was kirchliche Verkündigung zu sagen hat, der wird durch »Mein Herz schlägt für Kain« bereichert, weil Wahrheit im biblischen Sinne niemals neutrale Satzwahrheit ist, sondern immer die Existenz des Menschen mit umfaßt, sie umgreift, sie ganz in sich hineinnimmt.

Altes und Neues Testament kennen nur Wahrheit als existentielle Wahrheit. Der Mensch steht im Blick auf Gott nicht einer sogenannten objektiven Wahrheit gegenüber. Wahrheit als die Wahrheit Gottes greift immer nach dem Menschen. Das hat Horst Lütten verstanden! Und deshalb begrüße ich es, daß sein Buch erscheint. Deshalb bin ich dankbar, daß er sich von mir überzeugen ließ, das Seine zu schreiben und zu publizieren. Den Lesern und Leserinnen dieses Buches wünsche ich die erforderliche Bereitschaft zur theologischen Reflexion, um kritisch zu reflektieren, was der Autor in kritischer Reflexion sagt.

Göttingen, im April 1997 Hans Hübner

STATT EINER EINLEITUNG

Intimitäten

Wir lagen in unseren Betten in der Jugendherberge. Gerade war der Herbergsvater aus der Tür. Wir sollten nun endlich Ruhe halten. Leise kam aus der Ecke die gedämpfte Stimme: »Zwei Prostituierte treffen sich am Hauptbahnhof.« Ein Witz nach dem andern schwirrt durch den Raum, geheime Wünsche finden ein Ventil, Phantasien werden wach, Träume angeregt. Die Stimmung wird ruhiger, man hört den Atem der anderen, spürt die wachen Blicke in der Dunkelheit; vier fremde Jungen finden Vertrauen zueinander, wir lassen uns fallen, geben Intimstes aus unserem Inneren preis. »Hast du schon mal ...?« Bald hören wir den gleichmäßigen Atem eines Kameraden. Wir andern reden leise weiter. Nicht die Intimität, wohl aber das Thema wechselt. »Glaubt ihr eigentlich an einen Gott? Ich kann mir das überhaupt nicht vorstellen.« Lange noch reden wir drei, suchen Worte, klären Vorstellungen miteinander ab, haben hier etwas, da etwas gehört. Wir dringen ein mit unseren Gedanken in die Geheimnisse von Welt und Leben, finden das Zusammenspiel in der Natur faszinierend und haben »überhaupt keine Angst vor dem Tod.« Der unendliche Weg der Menschheit auf der Suche nach einer Antwort auf all die Rätsel, die um uns herum sind, sie werden ernst und nachdenklich besprochen, nachgezeichnet, für das eigene Leben nachgefragt und umgesetzt. Fragmente eines gewaltigen Fragens auf der Suche nach letzter Gewißheit wiederholen sich in den Köpfen von drei Jungen, die nach einer langen anstrengenden Fahrradtour ihre Eindrücke zu verarbeiten suchen.

Offene Fragen

Jahrzehnte liegt das zurück, daß wir so gelegen, am Wasser gesessen haben, durch die Heide gewandert sind und solchen Fragen nachsannen. Die Fragen sind geblieben. Sie haben mich auf dem Weg meines Lebens begleitet, mehr noch: den Weg meines Lebens geprägt. Wo anders hätte ich Antworten suchen sollen, als in der Religion, in der Kirche? Ob ich heute noch gerade in der Kirche suchen würde? Ich bin da nicht so sicher. Damals war meine Erwartung groß. In mir waren die Fragen, die Antworten blieben aus. Nur die Ahnung war da, daß jenseits des Alltags, jenseits auch der sichtbaren Dinge nach Antworten zu suchen wäre. So kam ich dazu, Theologie zu studieren. Ich wurde Pfarrer.

Wo man Antworten am wenigsten vermutet

Wer brachte mich dann zum Strafvollzug? An Zufälle mag ich nicht glauben. Ich versuchte mich dort als Pfarrer, blieb dort hängen. Es wurde mein Platz, meine Fragen zu stellen. Indem ich mich den Fragen der anderen stellte, anderen Antwort zu geben versuchte, fand ich meine Antworten.
Der Knast war es, die Insassen, die mich gelehrt haben, wie man heute über Glauben reden und ihn leben kann. Gefangene sind meist nicht durch kirchliche Traditionen verbildet. Unsere Welt heute ist anders als die des Altertums und des Mittelalters, aus der wir die Inhalte unseres Glaubens beziehen. Christlich-religiöse Klischees von einem barmherzigen und gnädigen Gott, der uns die Sünden vergibt, haben zumindest in herkömmlicher Ausdrucksweise hier keine Bedeutung. Nachdenken ist gefragt und Nachfragen; eigene Antworten suchen; Menschen auf den Weg bringen, daß sie ihre je eigenen Fragen stellen und Antworten finden; daß sie, genau wie wir damals, die letzten Fragen als die Fragen nach Sinn und Ziel und Gestaltung ihres Lebens annehmen.

Wieder Bibel lesen?

Was ist die Religion, was will, was meint der Glaube, wovon redet eigentlich die Bibel, wenn doch jeder weiß, daß wir über Gott nichts wissen können? Wie ich es an meinem Arbeitsplatz auch mache, so möchte ich Sie einladen, mit mir ein paar Stellen der Bibel genau anzusehen. Wir werden zu überraschenden Ergebnissen kommen, werden sehen, daß die Texte in ihrer ursprünglichen Form etwas völlig anderes berichten als das, was wir heute lesen, was Religion und Kirche aus ihnen gemacht hat. Ich habe die Urgeschichten des Alten Testamentes ausgewählt, die bekanntesten der ganzen Bibel. An ihnen möchte ich zeigen, wie man die Bibel auch lesen kann, wie wir sie in Gefängnisgottesdiensten lesen, ganz unfromm aber höchst spannend. Gott wird dabei allerdings zu kurz kommen, jedenfalls der Gott, den man uns von den Kanzeln herab verkündigt.

Sie, liebe LeserInnen, werden über manche Dinge ganz anders denken als ich. Das muß auch so sein, denn es gibt nicht zwei Menschen, die das gleiche denken, schon gar nicht, die das gleiche glauben. Es gibt viele, die im Denken und Glauben anderen nachlaufen, ihnen nacheifern, sie bis in die Wortwahl hinein zu kopieren versuchen; sie werden ihren Vorbildern nicht gerecht.
Wenn ich einen Beitrag dazu leisten kann, daß Sie das ideenreichste und tiefsinnigste Buch der Weltliteratur, die Bibel, wieder lesenswert finden, dann hat sich meine Arbeit gelohnt.
Noch mehr allerdings werbe ich um Ihre selbstbewußte kritische Meinung gegenüber dem, was Priesterschaft und Kirche in die z.T. sehr alten Texte jahrhundertelang hineingelegt haben und immer noch hineinlegen. Meine Arbeit mit Gefangenen hat mich gelehrt, die Geschichten ohne den deutenden Überbau der verfaßten Kirche zur Sprache zu bringen. Für Gefangene war meine Auslegung auch ursprünglich gedacht und für Menschen, die ohne Scheu auch ungewohnte Gedanken denken können und sich nicht sofort in ihrem Glauben angegriffen fühlen. Aber es gibt ja auch außerhalb der Justizvollzugsanstalten - manchmal sogar in kirchlichen Zirkeln - Menschen, die großes Interesse an Religion haben, die jedoch mit dem, was man ihnen an Glauben abverlangt, nicht viel anzufangen wissen. Ihnen fühle ich mich verbunden.
Legen Sie dieses Buch schnell beiseite, wenn Sie Ihren Kinderglauben bewahrt wissen möchten. Adam und Eva als die ersten Menschen werden wie der Regenbogen als Zeichen des Bundes zwischen Gott und den Menschen genauso ins Reich frommer Phantasie verwiesen wie Sintflut und babylonische Sprachenverwirrung. Wenn Sie nun doch weiterlesen, wünsche ich mir, daß Sie vorurteilsfrei mit mir erleben, wie lebendig biblische Inhalte sein können.
Die Reihenfolge der behandelten Texte ergibt sich daraus, daß ich zunächst die Erzählungen vorstellen möchte. Es handelt sich ursprünglich um Geschichten, die etwas völlig an-

deres darstellen, als was uns die Bibel überliefert. Sie sind durch die Bibelautoren teilweise bis zur Unkenntlichkeit verdorben und so in ganz anderem Sinne bedeutsam geworden. Sie werden sehen, wie faszinierend sie einmal gewesen sind, bevor die Kleriker ihre Hand darauf legten. Danach will ich die Betrachtung über die Entstehung der Welt folgen lassen. Ich kann Ihnen auch dazu versichern, die Schöpfungsgeschichte, der Anfang der Bibel, verdiente nicht ihren schlechten Ruf, hätte es die Priester nicht gegeben. Wäre sie so geblieben, wie sie einmal war, würde die Bibel unbestreitbar auch heute noch der Bestseller in der Literatur sein! Zum Schluß wird die Frage nicht ausbleiben, welches Religionsverständnis ich denn wohl habe. So wird das letzte Kapitel dieser Frage gewidmet sein.

Das Wichtigste: Der Text

Eine Bitte würde ich gern noch loswerden, bevor wir uns an die Texte heranwagen: Werden Sie nicht ungeduldig, wenn ich Sie gelegentlich mit ganz formalen Dingen langweile, wie ich z.B. die Herkunft eines Textes beurteile oder die Bedeutung eines Wortes heraushebe. Oft sind es nur Endungen in Worten, ein Jota, die dem Ganzen einen neuen Inhalt geben; oder es ist ein Verb, das an eine bestimmte Stelle nicht hingehören kann, welches darüber entscheidet, ob wir den Satz einer anderen Quelle zuweisen müssen. Alle Textkritik, die nichts zur Deutung beiträgt, habe ich fortgelassen.

Als Übersetzung habe ich diejenige nach Martin Luther gewählt; sie ist sehr verbreitet und nach meiner Einschätzung im Ganzen auch am genauesten. Manchmal würden andere Übersetzungen besser passen, aber das hätte nur Verwirrung gestiftet. In einigen Fällen konnte es jedoch nicht ausbleiben, daß auf den Urtext zurückgegriffen werden mußte. Das geschah immer dann, wenn Schlüsselbegriffe ganz falsch überliefert wurden. Wir werden sehen, daß gar nicht ganz selten schwierig zu verstehende Formen aus dem inhaltlichen Zusammenhang heraus gedeutet wurden. Wenn man sich ihnen stellt, ergibt sich oft ein völlig anderer Sachverhalt. Nur dort, wo es für das Verständnis des ganzen Textes notwendig war, habe ich neu übersetzt. Sonst habe ich mich, wo immer es ging, an die bekannte Lutherbibel gehalten.

DER MENSCH

1. Mose 2 und 3

1. Mose 2 - ein Schöpfungsmythos?

In jedem einigermaßen angesehenen Kommentar zur Bibel liest man, daß es neben der Schöpfungsgeschichte im ersten Kapitel der Bibel (Am Anfang schuf Gott Himmel und Erde...) noch eine zweite gibt, eine viel ältere.[1] Sie stehe im zweiten Kapitel der Bibel. Diese zweite sei so angelegt, sagt man, daß nicht die Schöpfung sich aus dem Urchaos bis zum Menschen hin entwickelt, wie man es in dem anderen Schöpfungsbericht lesen kann, sondern daß der Mensch zuerst geschaffen worden sei, und Gott habe ihm, sozusagen um ihn herum, einen Lebensraum, die Welt geschaffen.[2] Hunderten von Konfirmandenjahrgängen wurde erklärt, daß die zweite, die ältere Version in 1. Mose 2 sich den Menschen als Mittelpunkt eines Kreises vorstellte: Der Mensch in der Mitte und die Welt um ihn herum. Dagegen habe man sich in der jüngeren Schöpfungsgeschichte in Kap.1 eine Pyramide vorzustellen, an deren Spitze der Mensch steht, die Krone der Schöpfung.
Wer sich vorstellen kann, daß die Bibel nicht vom Himmel gefallen ist, wird wissen, daß es vieler Jahrhunderte bedurfte, bevor das *Buch der Bücher* fertig war. Diese Erkenntnis ist nicht neu.[3] So waren unsere Väter und Lehrer offenbar auch gar nicht erstaunt, daß man sich im Altertum zu verschiedenen Zeiten die Entstehung der Welt unterschiedlich vorstellte. Wer nicht versucht, hinter den inhaltlichen Gehalt der Texte zu schauen, wird auch weiterhin finden, daß in der Bibel zwei Schöpfungsberichte stehen. Daß dem nicht so ist, will ich zu zeigen versuchen. 1. Mose 2 hat mit der Schöpfung soviel zu tun wie der Fisch mit dem Fahrrad Wir werden sehen.

1. Mose 2, 4b - 25:

*4 Es war zu der Zeit, da Gott der Herr Erde und Himmel
machte. 5 Und alle die Sträucher auf dem Felde waren noch
nicht auf Erden, und all das Kraut auf der Erde war noch
nicht gewachsen: Denn Gott der Herr hatte noch nicht reg-
nen lassen auf Erden, und kein Mensch war da, der das Land*

bebaute; 6 aber ein Nebel stieg auf von der Erde und be-
feuchtete alles Land.
7 Da machte Gott der Herr den Menschen aus Erde vom Ac-
ker und blies ihm den Odem des Lebens in seine Nase. So
ward der Mensch ein lebendiges Wesen.
8 Und Gott der Herr pflanzte einen Garten in Eden gegen
Osten hin und setzte den Menschen hinein, den er gemacht
hatte. 9 Und Gott der Herr ließ aufwachsen allerlei Bäume,
verlockend anzusehen und gut zu essen, und den Baum des
Lebens mitten im Garten und den Baum der Erkenntnis des
Guten und Bösen. 10 Und es ging aus von Eden ein Strom,
den Garten zu bewässern, und teilte sich von da in vier
Hauptarme. (11 Der erste heißt Pischon, der fließt um das
ganze Land Hewila, und dort findet man Gold, 12 und das
Gold des Landes ist kostbar. Auch findet man dort Bedo-
lachharz und den Edelstein Schoham. 13 Der zweite Strom
heißt Gihon, der fließt um das ganze Land Kusch. 14 Der
dritte Strom heißt Tigris, der fließt östlich von Assyrien. Der
vierte Strom ist der Euphrat).
16 Und Gott der Herr gebot dem Menschen und sprach: Du
darfst essen von allen Bäumen im Garten, 17 aber von dem
Baum der Erkenntnis des Guten und Bösen sollst du nicht es-
sen; denn an dem Tage, da du von ihm issest, mußt du des
Todes sterben.
15 Und Gott der Herr nahm den Menschen und setzte ihn in
den Garten Eden, daß er ihn bebaute und bewahrte.
18 Und Gott der Herr sprach: Es ist nicht gut, daß der Mensch
allein sei. Ich will ihm eine Gehilfin schaffen, die um ihn sei.
19 Und Gott der Herr machte aus Erde alle Tiere auf dem
Felde und alle Vögel unter dem Himmel und brachte sie zu
dem Menschen, daß er sähe, wie er sie nennte; denn wie der
Mensch jedes Tier nennen würde, so sollte es heißen. 20 Und
der Mensch gab einem jeden Vieh und Vogel unter dem
Himmel und Tier auf dem Felde seinen Namen; aber für den
Menschen ward keine Gehilfin gefunden, die um ihn wäre.
21 Da ließ Gott der Herr einen tiefen Schlaf fallen auf den
Menschen, und er schlief ein. Und er nahm eine seiner Rippen
und schloß die Stelle mit Fleisch. 22 Und Gott der Herr baute
ein Weib aus der Rippe, die er von dem Menschen nahm, und
brachte sie zu ihm. 23 Da sprach der Mensch: Das ist doch

Bein von meinem Bein und Fleisch von meinem Fleisch; man
wird sie Männin nennen, weil sie vom Manne genommen ist.
24 *Darum wird ein Mann seinen Vater und seine Mutter*
verlassen und seinem Weibe anhangen, und sie werden sein
ein Fleisch.
25 *Und sie waren beide nackt, der Mensch und sein Weib,*
und schämten sich nicht.

Urheberrecht

Die Entstehungszeiten der biblischen Erzählungen und Berichte im Alten Testament liegen weit auseinander. Mehr als 800 Jahre sind zwischen der Abfassung der ältesten und jüngsten alttestamentlichen Texte vergangen![4] Das entspricht ungefähr dem zeitlichen Abstand zwischen Walther von der Vogelweide und Tina Turner und einem so unterschiedlichen Geschmack wie zwischen den Minneliedern und der Popmusik. Wie unterschiedlich haben die Menschen in so langen Zeiträumen gelebt und gedacht! So ist es auch kein Wunder, wenn sich diese Unterschiede in der Bibel niederschlagen.
Es gibt Anhaltspunkte dafür, wie alt ein Text ist; unter ihnen spielt eine bedeutende Rolle, daß unterschiedliche Bezeichnungen für Gott benutzt wurden: Die Texte, die den Gottesnamen *Jahwe* verwenden, stammen überwiegend aus der Blütezeit Israels, aus der Zeit Davids und Salomos, etwa 950 bis 900 vor Christus. In Luthers Bibelübersetzung ist der Name *Jahwe* mit »der HERR« wiedergegeben. Daran kann man diese Stellen leicht erkennen. Zu diesen Texten gehört ein großer Teil der alten israelitischen Tradition. Die Theologen nennen den Verfasser dieser Teile der Bibel wegen des Gottesnamens den Jahwisten.[5]
Andere Teile der Bibel, insbesondere Teile der 5 Bücher Mose, sind entstanden während der letzten Blüte Israels, seinem Niedergang und dem Exil des Volkes in Babylonien, etwa 650 bis 550 vor Christus. Hier wird der ganz neutrale und sehr alte Gottesname *Elohim* verwandt, eigentlich ein Plural (Götter). Dieser Begriff erinnert an vorisraelitische Zeiten, als man sich noch den Himmel von vielen Göttern bewohnt vorstellte. *Elohim* heißt in der Übersetzung einfach Gott, wird auch im Alten Testament als Singular gebraucht. Man nennt diese Textteile nach ihren vermutlichen Verfassern die

Priesterschrift.[6] Die Texte des Jahwisten und der Priesterschrift finden wir sehr oft vermischt, so auch in für uns bedeutungsvollen Stellen wie der Noahsage und dem Schöpfungsbericht.
Beiden Schriftteilen ist gemeinsam, daß die Verfasser sich ihre Berichte nicht aus den Fingern sogen, sondern ältere und oft sehr alte Vorlagen z.T. aus anderen Religionen verwandten.[7] Wen wundert's, daß diese alten heidnischen Geschichten in einem neuen Gewand auch einen neuen Inhalt bekamen? Die Erzählungen, die ich Ihnen vorstelle, legen ein beredtes Zeugnis davon ab.

Neben *Jahwe* und *Elohim* haben wir in den beiden Kapiteln 1. Mose 2 und 3 noch einen anderen Gottesnamen: *Jahwe Elohim*, übersetzt: Gott der Herr. Das weist zurück in eine Zeit, in der der Gottesname Jahwe noch nicht bekannt war und älteren Gottesvorstellungen hinzugefügt wurde.[8] Die Israeliten haben diese Erzählung aus anderen Religionen übernommen und dadurch, daß sie den Namen ihrer Stammesgottheit *Jahwe* hinzugefügt haben, zu einer Erzählung ihrer Religion gemacht. Der Ursprung des Textes, mit dem wir uns jetzt befassen wollen, liegt also noch weiter zurück in einer Zeit, als es natürlich noch keine Bibel gab, noch nicht einmal ein Volk Israel.

Bevor wir beginnen, uns mit dem Text auseinanderzusetzen, müssen Sie jetzt alles, wirklich alles vergessen, was Sie je über Adam und Eva und das Paradies gehört haben, wenn es Sie interessiert, welch spannende Beschreibung des Menschen uns da in den Kapiteln 2 und 3 des ersten Mosesbuches überliefert ist. Wir werden eine Erzählung finden, die durch die religiöse Erzählweise eine neue Form gefunden hat und dadurch in ihrem Sinn entstellt wurde. Noch mehr als die priesterlichen Redaktoren haben die Übersetzer schon in der LXX (Septuaginta = lat. 70), der ältesten Übersetzung des Alten Testamentes aus dem Hebräischen ins Griechische,[9] und die späteren Ausleger den Sinn entstellt. Dieser Text bedarf - wie viele andere Texte der Bibel auch - nicht der kunstvollen geistigen Akrobatik, es genügt, wenn wir genau hinhören. Wenn wir nicht unser ganzes religiöses Vorwissen in den Text hineinlesen noch heraushören wollen, dann erst beginnt er zu reden.

Ich wiederhole: *Bevor wir beginnen, in diese Erzählung hineinzuhorchen, müssen Sie bitte alles vergessen, was Sie je über Adam und Eva und das Paradies gehört haben!*

Danke, daß Ihr nicht aufgepaßt habt!
1.Mose 2, 4b - 6

4b Es war zu der Zeit, da Gott der Herr Erde und Himmel
machte. 5 Und alle die Sträucher auf dem Felde waren noch
nicht auf Erden, und all das Kraut auf der Erde war noch
nicht gewachsen; denn Gott der Herr hatte noch nicht regnen
lassen auf Erden, und kein Mensch war da, der das Land be-
baute; 6 aber ein Nebel stieg auf von der Erde und befeuch-
tete alles Land.

Es wurde schon gesagt: Diese Erzählung gilt allgemein als eine Variante der Schöpfung: Gott habe den Menschen geschaffen und um ihn herum die Welt. Die neueren Bibeln überschreiben den Abschnitt mit *Das Paradies*, kommen seinem Inhalt damit schon näher, werden ihm aber auch nicht gerecht. Das Paradies ist für uns geprägt durch die Kunstgeschichte als Wohnort der ersten Menschen und als Heimstätte der Seligen. Weder der Begriff noch dessen Deutung hat mit diesem Abschnitt etwas zu tun. Wir dürfen gespannt sein auf das, was uns hier berichtet wird. Es ist die Geschichte der Menschen, aber nicht der ersten. Fangen wir an!

Die Einleitung unserer Erzählung, *Es war zu der Zeit, da Gott der Herr Erde und Himmel machte*, lenkt den Blick zunächst einmal in eine falsche Richtung.
Eingestimmt durch den voraufgehenden Schöpfungsbericht, sehen wir uns in prähistorische Zeiten zurückversetzt. Damit sind wir einer Täuschung erlegen. Wenn man nämlich beim Lesen in der Bibel genau hinschaut, dann fällt auf, daß es am Anfang *dieses* Satzes (1. Mose 2,4) hieß: So sind *Himmel und Erde* geworden (Abschluß der Schöpfungsgeschichte, 1. Mose 1,1 bis 2,4a). Hier am Beginn der Beschreibung des Men-

schen (V. 4b) tritt an die Stelle des gebräuchlichen Begriffspaares Himmel und Erde dessen Umkehrung: ...als Gott *Erde und Himmel* machte. Das ist mehr als eine stilistische Variante. Das meint eine andere Perspektive. Der Betrachter hier ist ganz anders als sonst üblich, zuerst von der Erde, erst dann vom Himmel beeindruckt. Warum das Sinn macht, werden wir sehen. Die Geschichte beginnt jedoch nicht, wie wohl jeder Leser zuerst vermutet, am Uranfang der Zeit, nicht einmal zu der Zeit, als es die ersten Menschen gab. Sie beginnt immer dann, wenn ein Kind geboren werden soll. Wie viele milliardenmal sich unsere Erzählung ereignet hat und noch ereignen wird, wollen wir nicht zählen. Lassen Sie uns statt dessen schauen, wo wir in ihr vorkommen!

Unsere Erzählung hält sich mit keinen langatmigen Vorreden auf. Das scheint nur so, weil der Mensch in den Eingangsversen nur ganz nebenbei erwähnt wird; der Schein trügt. Die Erzählung ist ohne Umschweife sofort bei uns:
Es gab den Menschen nicht, also gab es nichts. So beginnt der Erzähler über uns Menschen zu berichten. *Alle Sträucher auf dem Felde waren noch nicht auf Erden, und all das Kraut auf dem Felde war noch nicht gewachsen, denn Gott der Herr hatte noch nicht regnen lassen auf Erden, und kein Mensch war da, der das Land bebaute.* Wieso gab es nichts, weil es den Menschen nicht gab? Das versteht man, wenn man bedenkt, daß für den Menschen die Welt dadurch überhaupt nur existiert, daß er sie wahrnimmt und sie auf ihn bezogen ist. Einem Menschen, der nicht ist, kann die Welt natürlich nichts bedeuten, wie sollte sie auch? Die Wahrheit der Behauptung, daß es ohne den Menschen nichts gab, ist keine naturwissenschaftliche, sondern eine psychologische, eine innere Wahrheit. Alles, was hier noch nicht ist, Pflanzen und Bäume und ein Land, das bebaut sein will, gewinnt im folgenden noch größte Bedeutung, aber wir wollen nicht vorgreifen. Am Beginn gibt es nichts von alledem.
Wie die Menschheit vor uns oder auch nur einzelne Menschen aus vergangenen Zeiten ihre Welt wahrgenommen haben, ist für uns von kulturellem oder entwicklungsgeschichtlichem Interesse, aber es berührt uns nicht, wie etwa das Schicksal unserer Angehörigen oder die Chancen unserer

eigenen Zukunft uns berühren. Wir wissen, es hat die Erde und Leben auf ihr lange vor den Menschen gegeben. Das wußte der Verfasser unseres Textes ja auch. Aber dafür interessiert er sich nicht, auch wenn es so scheint.
Es geht in Wahrheit gar nicht darum, daß es keinen Menschen gab, es geht darum, daß es Sie und mich nicht gab. *Es gab den Menschen nicht* bedeutet, es gab mich nicht, es gab Sie nicht. Deshalb gab es auch keine Bäume und Sträucher auf der Erde, weil wir sie nicht wahrnehmen konnten. Es wird hier ganz genau so beschrieben, wie es bei Neugeborenen ist: Erst ganz allmählich entsteht in ihrem Bewußtsein die Umwelt, ganz allmählich *wachsen ihnen die Sträucher und das Kraut auf der Erde*. Die Zeitangabe, mit der unsere Geschichte beginnt, *als Gott Erde und Himmel machte*, ist die Zeit, in der wir, Sie, ich und jeder Bibelleser ungefragt ins Leben gerufen wurden, als wir die allerersten Anstrengungen unternahmen, ein Kind zu werden, noch lange bevor wir einmal diese Welt betreten haben.

Mein Geburtstag - Weltgeburtstag

Sicher, es gab eine Zeit vor uns, wir wissen das ja auch. Es gab eine Erde und einen Himmel, bevor wir geboren wurden, aber das wissen wir theoretisch. Vor uns, ohne uns hat die Erde keine Gestalt, keine Farbe, keine grüne Wiese, auf der wir hätten liegen können und träumen. Sie hat keine Wirklichkeit in unseren Gefühlen, unsere Seele hat keinen Anteil an ihr. Die Welt vor uns ist wie ein Museum, interessant, aber nicht lebendig. Auch wenn wir uns das Leben unserer Vorfahren noch so deutlich vor Augen führen, letztlich sind wir es ganz allein, die wir uns unsere Welt gestalten, *das Land bebauen*, wie es im Text heißt. Unsere Welt, wie groß oder klein sie immer sein mag, bekommt Wirklichkeit dadurch, daß wir sind, daß wir leben. Vor uns gab es immer nur die Welt der anderen. Wir mögen noch so bescheiden betonen, daß wir nicht Mittelpunkt der Welt sind; darin allein, daß uns die Welt etwas angeht, daß wir sie sehen, erleben, ist sie uns Wirklichkeit und wir ihre Mitte. Sie, liebe/r Leser/in waren nicht, ich war nicht, und das bedeutet im Sinne dieser Erzählung: niemand von Belang war da, *das Land zu bebauen*. Auf uns, auf Sie und mich, auf unser Leben zielt die Geschichte des Menschen ab, wir werden sehen.

Wie es vor uns keine Welt gegeben hat, wird es nach uns auch keine geben. Wenn wir sterben, stirbt uns auch die Welt. Es ist kindisch, darüber nachzudenken, wann der Jüngste Tag sein wird. Ein Datum dafür zu nennen, um andere Menschen möglicherweise in Angst zu versetzen, ist nicht nur dumm, es ist bösartig dumm. Natürlich ist der Jüngste Tag nicht irgendein Augenblick ferner Zukunft, wo alle Menschen aus den Gräbern auferweckt werden. Der Jüngste Tag ist der Augenblick unseres Todes. Wenn wir gestorben, aus unserem Körper ausgetreten sind, dann wissen wir, ob es ein Leben nach dem Tode gibt. Aber damit beschäftigt sich unsere Erzählung nicht. Hier wird nur darauf verwiesen, daß es vor unserer Geburt - und entsprechend nach unserem Tod - für uns keine Welt gab bzw. geben wird. Viele Menschen sterben in dem Bewußtsein, daß die Welt ohne sie nicht weiter gehen könne. Wir lachen darüber, aber sie haben recht. Die Welt der anderen geht weiter, ihre hört mit ihrem Tode auf. Sie sind nicht mehr Teil der Welt, haben keinen Anteil mehr an ihr. Vor uns und nach uns gab es keine Welt und wird es keine geben. Der Anfang unserer Erzählung und auch ihr Ende, wie wir sehen werden, läßt keinen anderen Hoffnungen, Träumen und frommen Spekulationen Raum.

Dafür, daß wir ins Leben traten in eine solche Welt hinein, findet unser Text ein ausdruckvolles Bild: *Ein Nebel steigt auf aus der Erde und befeuchtet das Land.* Im nebelhaften Unbewußten scheint in die Raumwelt, in die hinein wir geboren werden, das Leben, aus dem wir kommen, zu treten. Und nicht nur das nebelhafte, verschwommene, unbewußte Eintreten in die Welt muß gemeint gewesen sein. Feuchtigkeit, Wasser steht für Leben. Urahnungsvoll wird mehr angedeutet als beschrieben, daß wir ohne Wasser nicht hätten werden oder sein können.
Gegen eine solche Deutung spricht einiges, vor allem, daß der Satz von dem Nebel ganz unsinnig ist. Wie kann Nebel von der Erde aufsteigen, wenn nicht schon Feuchtigkeit in ihr ist? Wie kann Nebel der Erde erste Feuchtigkeit geben,

das soll es ja wohl heißen, wenn er sie von ihr bezieht, wenn er von der Erde aufsteigt? So stellt sich die Frage, ob man diesen Satz nicht besser streichen sollte. Hätten wir hier eine zweite Schöpfungsgeschichte vor uns, wie ja meistens gesagt wird, wäre eine solche Aussage inakzeptabel. Nun aber handelt es sich nicht um Schöpfung, und deshalb fragen wir, ob jenseits von allem Pathos etwas anderes gemeint sein könnte mit dem Nebel? Natürlich ist es das.

Das Bild vom Nebel ist kein Unsinn, sondern eine außerordentlich feinsinnige Umschreibung von etwas, was kaum jemand an dieser Stelle vermutet. Alle Exegeten übergehen diesen Wortlaut oder werden ihm nicht gerecht, Drewermann eingeschlossen. Der aufsteigende und das Land befeuchtende Nebel - stellen Sie sich das einmal ganz bildhaft vor! - steht hier für jene Feuchtigkeit, die es einmal beim Geschlechtsakt einer Samenzelle ermöglichte, zu einer Eizelle zu gelangen. Das Bild vom Nebel spricht etwas an, was so menschlich ist, daß es manchem tierisch, anderen göttlich erscheint: Den Akt der Zeugung mit seinen animalischen Anteilen in der Funktion zur Befruchtung und mit seinen göttlichen Anteilen darin, daß Teilhabe am Leben weitergegeben wird. Beide Aspekte sind darin enthalten und werden sogleich zum Ausdruck gebracht werden.[10] Wir sollten aber sorgfältig auseinanderhalten: Es geht hier (noch) nicht um Sexualität, lediglich um Zeugung. Der Mensch, um den es gehen wird, hat an den Begleitumständen seiner Zeugung, an der Libido seiner Eltern keinen Anteil.

Zusammengefaßt: Die Erde war da, und sie war auch nicht da. Es gab Leben, und gab zugleich kein Leben, es gab Menschen, eine Frau und einen Mann, die Leben weitergaben, und es gab sie zugleich auch nicht. Unser Text fragt nicht nach naturwissenschaftlicher Erkenntnis, nicht nach intellektuellem Wissen. Wir haben es hier mit unserer Erlebenswelt zu tun, mit dem, was in Philosophie und Psychologie Bewußtsein genannt wird. Die Erzählung beginnt ihre Beschreibung des Menschen damit, daß wir noch kein Bewußtsein, keinerlei Wissen von uns und der Welt hatten, als wir mit der Zeugung ins Leben gerufen wurden. Wenn uns die Vergangenheit auch etwas angeht, wenn unsere Gegenwart durch sie auch noch so geprägt ist, wir leben in einer Welt, deren *Sträucher und Kraut* heute wächst, in unserer Welt, wahrgenommen durch unsere Sinne. Wie sensibel, wie genau ist nachempfunden, daß tatsächlich erst mit uns die Welt entsteht, von deren Existenz vor uns wir dennoch wissen! Eine treffendere Beschreibung der Welt, unserer Welt und der Welt vor uns, kann man sich kaum vorstellen.

Aus Erde gemacht
1. Mose 2, 7

7 Da machte Gott der Herr den Menschen aus Erde vom Acker und blies ihm den Odem des Lebens in seine Nase. So ward der Mensch ein lebendiges Wesen.

Wie Gott den Menschen macht, steht hier nicht. Kluge und einfältige Menschen haben sich das immer wieder vorzustellen versucht. Sie hätten das besser lassen sollen. Dem Text kann man alles mögliche andichten, aber nicht, daß da ein Gott die Ärmel hochkrempelt und sich aus einem Tonklumpen das Spielzeug Mensch macht. Geradezu in einer Vergewaltigung dieser tiefsinnigen Aussage ist das schon in der Bibel und danach bis heute immer wieder getan worden. Obwohl die bildhafte Rede, die Metapher *Gott machte den Menschen*, dies nahezulegen scheint, berichtet der Vers nicht von einem Töpfermeister im Himmel.[11]
Wenn die Vokabel *Gott der Herr* hier ganz anthropomorph, ganz in der Vorstellung eines Gottes, der aussieht wie ein Mensch,[12] benutzt wird, ist das religiöser Sprachgebrauch. Die Vorstellung von Gott ist noch nicht Gott, das weiß jedes Kind. Jeder stellt sich Gott irgendwie vor, macht sich ein Bild von ihm. Aber natürlich ist ein Bild ein Bild; Gott ist immer mehr, immer anders, als wir ihn uns vorstellen. Auch im weiteren Verlauf der Erzählung wird uns dieses anthropomorphe Gottesbild begleiten. Die Warnung, Bild und Wirklichkeit nicht zu verwechseln, gilt auch dann. Gleichermaßen muß die Formulierung *Gott machte*[13] ja nicht heißen, daß er mit den Händen etwas machte. In manchen alten Bibelübersetzungen findet man noch, daß Gott den Menschen aus Ton geformt habe; das treibt diese Vorstellung auf die Spitze. Der

Text sagt etwas anderes: *Gott der Herr machte den Menschen aus Erde vom Acker*, nicht aus Sand und nicht aus Ton. Es gibt im Hebräischen ein Wort für Ton,[14] hier wird es nicht verwandt. Wir tun gut daran, unsere Phantasie zu zügeln, wenn wir lesen, daß Gott den Menschen aus Erde machte. Wenn es uns darum geht, zu wissen, wie der Mensch entstanden ist, halten wir uns besser an die Erklärungen, die uns Evolutionslehre und Naturwissenschaft anbieten. Wir haben ja schon im vorigen Abschnitt gesehen, daß wir einen sehr feinsinnigen, subtilen Text vor uns haben; da wird man eine so platte Anschauung von einem handwerklich geschickten Bastler im Himmel, wie sie dennoch in vielen Köpfen herumgeistert, nicht erwarten können. Abgesehen davon geht es hier ja auch gar nicht um die Entstehung *des Menschen*, es geht um einen einzelnen Menschen, der darauf vorbereitet wird, das Licht der Welt zu erblicken. Wir werden noch sehen, daß man das, was über den Menschen zu sagen ist, in allen Bibliotheken der Welt nicht lebendiger geschildert finden wird als in dieser Erzählung.

Zunächst fügt sich nun der berühmte Satz: *Da machte Gott der Herr den Menschen aus Erde vom Acker* an die voraufgegangene Schilderung von der Zeugung an. Den aus der befruchteten Eizelle heranwachsenden Embryo haben wir vor uns. Es ist möglich, daß gar nichts anderes mit diesem Vers gemeint ist und wir dem Zusatz, *er blies ihm den Odem des Lebens in die Nase*, über den später zu reden sein wird, zuviel Bedeutung beimessen. Das wird sich zeigen. Hier wird uns mitgeteilt, daß es nichts als Ackererde ist, aus der der Mensch besteht. So ist es ja auch. Für uns heute ist diese Erkenntnis sicher nicht gerade eine Sensation, wer wüßte das denn nicht? Aber denen, die das alles einmal bedachten und die es dann zuerst gehört und gelesen haben, werden viele Fragen dazu eingefallen sein.

Die These, daß es sich bei unserer Erzählung um einen alten Mythos gehandelt haben wird, bricht zusammen. Hier wird nicht in Mythen geredet, hier wird in einer Weise entmythologisiert, von der ein Rudolf Bultmann[15] noch nicht einmal geträumt hat. Die nachdrückliche Betonung, daß ein menschliches Baby nicht anders zustande kommt wie eine kleine Ziege, genauso erdverhaftet ist wie sie, will jedem Hochmut entgegentreten, der in dem Menschen etwas ganz Besonderes sehen will, etwas, das den Göttern vergleichbar wäre.

Adam, das ist kein Name

Gott machte den Menschen aus Erde vom Acker, heißt im Hebräischen genau: *Gott machte* אֶת-הָאָדָם מִן-הָאֲדָמָה den *adam* aus der *adama*. *Adam* heißt als Gattungsbegriff der Mensch, unterscheidet nicht zwischen Mann und Frau, wie ja auch der Gattungsbegriff Rind gleichermaßen Kühe und Bullen einbezieht. Wann immer im folgenden Text von *adam* die Rede ist, dürfen die Frauen sich einbezogen fühlen. Es ist in manchmal unterschiedlicher Gewichtung der Mensch gemeint, nicht allein der Mann.

Adama ist die Erde, der Erdboden, auch der Ackerboden. Wie alles, was auf Erden lebt, ist der Mensch aus dem Erdboden hervorgegangen.[16] Aus nichts anderem besteht unser Körper als aus den Elementen, die wir durch die Nahrung aus der Erde aufnehmen. Das ist gemeint, wenn es heißt, daß Gott den Menschen aus Erde gemacht hat. Die unendlich vielen komplizierten biochemischen Prozesse, die damit zusammenhängen, sind in diesen wenigen Worten komprimiert. Sicher haben die damaligen Zeitgenossen nicht alle heutigen Erkenntnisse zur Verfügung gehabt (haben wir sie denn?), aber sie haben ganz sicher über die Zusammenhänge weit mehr gewußt, als wir ihnen zutrauen. Um so mehr darf man bewundern, daß so wenige Worte ausreichen, um alles über unseren Körper zu sagen.

Mehr noch als mit allem anderen Leben auf der Erde fühlt sich der Mensch mit der Erde verbunden, gibt dem Erdboden die fast identische Bezeichnung wie sich und seinesgleichen.[17]

Staub zum Staube

Um den Menschen zu beschreiben, ist es von großer Bedeutung, daß *adama* und *adam* Worte vom gleichen Stamme sind. Denn das andere gilt auch: *adam* aus der *adama*. Wir haben das gleiche Motiv wie in vielen Religionen, dem Bewußtsein unserer Großstadtkultur leider völlig verloren gegangen: Kinder sind wir der Mutter Erde. Das ist durchaus doppeldeutig gemeint: Einerseits etwa: Ihr seid auch nichts anderes als Erde, wertloser Sand, der vergeht, andererseits ein Ehrentitel: Die ganze schöpferische Kraft der Erde ist dem Menschen in die Wiege gelegt.

Der Mensch weiß seine Chance nicht zu nutzen. Am Ende der Betrachtung, was der Mensch sei, kommt unsere Geschichte zu dem Ergebnis: *Du bist Erde und sollst zu Erde werden.* Der großartige hoffnungsvolle Anfang, fast ebenso euphorisch und pathetisch wie unsere Gefühle, wenn wir unser Kind zum ersten Mal im Arm haben, endet gar kläglich, geradezu verächtlich: In Kapitel 3,19 wird das Ende zweifach beschrieben: Die erste Version benutzt *adama* für Erde, *Im Schweiße deines Angesichts sollst du dein Brot essen, bis du wieder zur Erde (adama) wirst, von der du genommen bist.* Das klingt ja noch ganz erträglich, denn hier schließt sich der Kreis. Der *adama* entnommen, sollen wir wieder zur *adama* werden; das ist bitter, aber logisch. In der zweiten Version jedoch wird das Wort עָפָר *aphar* benutzt, in unserer Bibel oft unzutreffend auch mit Erde übersetzt, denn *aphar* heißt eigentlich Staub. *Staub bist du, und zum Staube sollst du werden.* Aber soweit sind wir noch nicht.

Oder vielleicht doch? Aus unseren Übersetzungen ist es nicht mehr herauszulesen, aber im Urtext gibt es noch einen wenig beachteten Zusatz. Genau heißt es nämlich, Gott machte den אָדָם עָפָר *adam aphar*[18] aus der אֲדָמָה *adama*, den Menschen des Staubes, den Staubmenschen aus der Ackererde, aus dem Mutterboden. Das bedeutet: Beides ist im Menschen angelegt und begleitet ihn durchs Leben, seine Gestaltungskraft als *adam* und seine Bedeutungslosigkeit als *aphar*. Dem kann man eigentlich nichts hinzufügen. Der Mensch ist nie nur das eine oder nur das andere, es ist sein Glück und sein Pech, seine Würde und sein Schicksal, Mensch zu sein.

Geboren zum Leben

Der Mensch ist damit noch nicht beschrieben. Aus der Erde gekommen zu sein, ist das eine, am Leben Anteil zu haben, das andere. *Gott blies ihm den Odem des Lebens in seine Nase. Und so ward der Mensch ein lebendiges Wesen.* Ein gewichtiges Wort, wie es scheint. Aber hören Sie hin! Durch die kleine Nase wird die erste Atemluft eingesogen. Hören Sie ihn, den ersten Schrei? Der Mensch beginnt zu atmen, er ist gerade geboren. Kein Wort über die Geburt, kein Wort über die Schmerzen der Mutter, kein Wort von ihrer Vorfreude oder auch Angst über das neue Leben in ihr. Das alles geht unseren Menschen nichts an. Wohl aber die Rede von Gott:

Wie ein Wunder mutet es an, daß Atem in den kleinen Körper fließt, daß er erste Reaktionen von Leben erkennen läßt. Die Erzählung schweift nicht ab. Das Neugeborene atmet, es lebt. Nach dem Nichtsein, nach Zeugung und embryonalem Wachstum ist nun nicht mehr strittig, worüber bei Ungeborenen die heftigsten Auseinandersetzungen ausgefochten werden: Mit seiner Geburt, mit seinem ersten Atemzug wird der Mensch ein lebendiges Wesen. Ihn unterscheidet von der Erde, aus der er hervorgegangen ist, daß er atmet. Er bleibt genau so lange von der Ackererde geschieden, wie Atem in ihm ist. Hört der Atem auf, wird er wieder zur Erde werden. Bis dahin wird er zur לְנֶפֶשׁ חַיָּה *näfäsch hajah*,[19] zu einem lebenden Wesen, einer lebendigen Seele. Die Grenzen sind klar markiert: Nur zwischen dem ersten und dem letzten Atemzug gilt der Mensch als lebendig. Weder den Embryo vor der Geburt noch den Leichnam nach dem Tode hält der Erzähler für dazugehörig. Der Atem weist den Menschen als lebendiges Wesen aus.[20]

Wie wenig der Mensch als das ganz Besondere unter den anderen Lebewesen herausgestrichen wird, geht sehr eindrucksvoll daraus hervor, daß die Hebräer den Begriff *näfäsch hajah* auf alle Lebewesen angewandt haben. Der Begriff kommt häufig vor im Alten Testament. Die allerersten Lebewesen auf der Erde, die ersten Wassertiere hießen schon genau wie hier der Mensch *näfäsch hajah* (1. Mose 1,20).

Das Problem wurde bereits angesprochen, ob dieser Zusatz in Vers 7, *Gott blies ihm den Odem des Lebens in die Nase*, wirklich mehr meint, als daß das Kind zu atmen beginnt. Anscheinend ist das nicht der Fall, denn der Mensch als lebendiges Wesen wird nicht anders beschrieben als jedes Tier. Auch die noch folgenden Episoden des menschlichen Lebens geben keinen Hinweis darauf, daß sich unser Erzähler für mögliche transzendente Beziehungen des Menschen interessiert. Der Atem des Lebens, die *nischmat chajim* ist zudem etwas anderes als der Odem Gottes, (*ruach Jahwe*), man sollte das nicht leichtfertig durcheinanderwerfen! Aus diesem Begriff lassen sich keine transzendenten Bezüge herstellen.

Dennoch lesen nicht wenige Menschen in diese Sätze etwas von einer unmittelbaren Verbindung zu Gott hinein. Ich habe das auch lange getan. Der Mensch, ausgestattet mit dem Odem Gottes,[21] zugleich dem Diesseits und dem Jenseits verhaftet, ist das so abwegig? Haben wir denn nicht Anteil am Sein, an Gott? Wir existieren, d.h. wir treten heraus aus dem Sein, aber wir bleiben doch damit verbunden. Ich mag jene nicht verächtlich machen, die eine Gleichzeitigkeit von Immanenz und Tranzendenz in 1. Mose 1,7 zu finden meinen. Mehr Schwierigkeiten habe ich mit jenen, die unserem Text eine Grundlage für menschliche Selbstüberschätzung abgewinnen zu können meinen:
Es gibt eine verbreitete Schlußfolgerung daraus, daß der Mensch Anteil an Gott, am Leben, am Sein hat. Sie spricht den anderen Lebewesen insbesondere den Tieren, so etwas ab.[22] Diese Einstellung beruft sich vornehmlich auf diese Bibelstelle. Unser Text jedoch berichtet, wenn überhaupt, nur, daß dem Menschen der Odem des Lebens gegeben ist, und sagt nicht zugleich, daß das für andere Lebewesen nicht gilt. So legt man leicht in Texte etwas hinein, was man gern hätte. In Wirklichkeit ist Leben unteilbar, und alles, was ist, hat am Sein Anteil, selbstverständlich jedes Tier, aber auch jeder Grashalm, sogar jedes Sandkörnchen, das uns am Strand durch die Zehen gleitet.
Uns unterscheidet von anderen Lebewesen, daß wir ein Bewußtsein davon haben, daß wir am Sein Anteil haben, als Seiende existieren. Das ist viel bedeutungsvoller, als wir uns gewöhnlich bewußt machen. Es verpflichtet uns, mit unseren Mitgeschöpfen - nicht nur mit den Mitmenschen! - sorgsam umzugehen. Wenn sie doch auch Anteil am Sein haben wie wir, dann begegnet uns ja auch in jedem Tier, in jeder Pflanze, in jedem Stein, auch in der Luft, die wir atmen, etwas von dem ewigen Sein, begegnet uns in allem Gott. Wie können

wir dann so gedankenlos mit den Tieren und mit unserer Umwelt umgehen?

Der Garten Eden
1. Mose 2, 8 - 10 (und 11 - 14)

8 Und Gott der Herr pflanzte einen Garten in Eden gegen Osten hin und setzte den Menschen hinein, den er gemacht hatte. 9 Und Gott der Herr ließ aufwachsen allerlei Bäume, verlockend anzusehen und gut zu essen, und den Baum des Lebens mitten im Garten und den Baum der Erkenntnis des Guten und Bösen. 10 Und es ging aus von Eden ein Strom, den Garten zu bewässern, und teilte sich von da in vier Hauptarme. (11 Der erste heißt Pischon, der fließt um das ganze Land Hewila, und dort findet man Gold, 12 und das Gold des Landes ist kostbar. Auch findet man dort Bedolachharz und den Edelstein Schoham. 13 Der zweite Strom heißt Gihon, der fließt um das ganze Land Kusch. 14 Der dritte Strom heißt Tigris, der fließt östlich von Assyrien. Der vierte Strom ist der Euphrat).

Kaum daß der Mensch herausgetreten ist aus dem Sein ins Dasein, kaum daß er geboren wurde, das Leben in ihm Gestalt angenommen hat, da befindet er sich in einem wunderschönen Garten voll von süßer Wonne (Eden),[23] voller Erwartung (Osten),[24] voller Lebenskraft (Bäume, Quelle). *Und Gott der Herr pflanzte einen Garten in Eden gegen Osten hin und setzte den Menschen hinein, den er gemacht hatte.* In Eden, im Osten soll der Garten liegen. Wie viele haben sich bemüht, ihn zu finden? Vergeblich, denn in diesem Abschnitt wird nichts mitgeteilt von einem Ort oder einer Zeit, wo wir die Wiege der Menschheit etwa suchen sollten. Es ist müßig, auf der Landkarte zu suchen. Der Garten Eden befindet sich überall auf der Welt und ist doch nirgends. Auf jeden Fall führt die Ortsangabe im übersetzten Text in die Irre.
Läßt sich die wärmende Mutterbrust, der beschützende Arm des Vaters, das vertraute Lachen der Geschwister lokalisieren? Wo sind Sie geboren worden und aufgewachsen? Suchen Sie dort nach Ihrem Garten Eden! In der Heimat unse-

rer Kindheit sind die Bilder entstanden, die uns geprägt haben und in denen wir uns ausdrücken. Der Ort, wo der Garten Eden liegt, hat kein Ortseingangsschild, es ist die behütete und heile Welt des Säuglings, und gleichzeitig befinden wir uns in der Seele des Menschen; wir werden erinnert an unsere früheste Kindheit.
Garten, Bäume, Quelle sind uns vertraut als Traumsymbole.[25] Bevor es den Menschen gab, Sie oder mich gab, gab es nichts, haben wir oben gesehen. Und jetzt erfahren wir, daß ihm, dem Menschen alles, was es gibt, in seinem Inneren begegnet. Das ist nicht anders, als daß die Bilder, die unser Auge sieht, in unserem Inneren, im Gehirn erst entstehen. Das Nacheinander von Eindruck und Bild hebt die Gleichzeitigkeit nicht auf. Um diese Gleichzeitigkeit von psychischem und physischem Wachstum geht es. Die Entwicklung des Menschen schreitet voran, die Umwelt beginnt Gestalt anzunehmen, der Mensch wird sich seiner Umwelt und seiner selbst bewußt.
Wir würden heute anders von der Entstehung des Bewußtseins reden, darum geht es hier ja, aber ich bin nicht so sicher, ob es uns auch so treffend und einfühlsam gelingt. Zumindest aber bin ich erstaunt darüber, daß ein so alter biblischer Text solch ausdrucksstarke Bilder verwendet. Sigmund Freud und seine Schüler haben offensichtlich Vorläufer gehabt, die den Begriff Psychoanalyse kaum gekannt haben werden, aber Bilder der Seele in Worte zu kleiden wußten.
Wir sehen, die Geschichte scheint auf den ersten Blick erzählen zu wollen, was Gott tut und sagt. So wird sie ja auch in aller Regel gelesen und - nicht verstanden. Sie erzählt in Wahrheit die Entwicklung des Menschen einschließlich dessen, was in seiner Seele vorgeht. Sie ist eher eine Angelegenheit der Psychologie als der Theologie.

Träumereien

Der Garten ist in unseren Träumen das Symbol dafür, daß wir uns, durch Mauer oder Hecke beschützt, sicher fühlen. Unter diesem Schutz wachsen unsere inneren Kräfte und können sich entfalten. In diesem Garten seiner Seele befindet sich der Mensch, der Adam unserer Erzählung, noch ganz behütet und umsorgt. Wie das Wort Eden in seiner Bedeutung Wohlleben, Wonne, Lust besagt, so ist der Garten noch ganz frei von allen Schwierigkeiten, Nöten und Problemen. Ganz unbekümmert kann unser kleiner Erdenbürger den Weg ins Leben beginnen:

Und Gott der Herr ließ aufwachsen allerlei Bäume, verlokkend anzusehen und gut zu essen, und den Baum des Lebens mitten im Garten und den Baum der Erkenntnis des Guten und Bösen. Ganz allmählich und langsam wachsen Bäume im Garten, verlockend und voller Früchte. Die Bilder springen uns ins Auge: Die Bäume im Garten, besonders natürlich der Baum des Lebens mitten im Garten, sind Metaphern für Lebenskraft, Gewißheit der Zukunft, für die Fähigkeit, das Leben zu meistern. Daß der Mensch das sieht, bedeutet, er möchte davon essen, es ganz in sich hineinnehmen. Der Anblick ist verlockend, das Leben gewinnt neuen Reiz. Die Kräfte und Wünsche in dem Menschen, sich des Lebens zu bemächtigen, bekommen Formen und Farben. Es ist nicht genug, in der Gestalt von Pflanzen und Bäumen alle Möglichkeiten und Spielarten des Lebens vor sich zu haben, man muß sie auch ergreifen, muß sie sich aneignen, wenn man daran teilhaben will. Der Umgang mit der Welt um einen herum, jeden Gegenstand in den Mund zu nehmen, die unteren Schubladen auszuräumen, auf einen Baum zu klettern oder eine Puppe auszufahren, spiegelt sich in der Entwicklung der Seele, das ist gemeint.
Neben den Bäumen, neben dem Baum des Lebens hält die Darstellung noch ein zweites Bild für Lebenshoffnung und -kraft bereit, die Quelle des Stromes, der von dem Garten Eden ausgeht. *Und es ging aus von Eden ein Strom, den Garten zu bewässern, und teilte sich von da in vier Hauptarme.* In der Quelle sprudelt die Kraft des Lebens. Unser Unterbewußtsein läßt in uns Omnipotenzvorstellungen wachsen. »Wenn ich groß bin, will ich Lokomotivführer oder Lehrerin werden, eine große Firma haben...,« wer hätte solche Träume nie geträumt? Die Facetten des Gartens Eden reichen von den Armen der Mutter bis zur Kommandantur über eine Rakete zum Mond.
Konsequent zu Ende gedacht ist der Prozeß: Die Quelle teilt

sich in vier Flüsse, in vier Himmelsrichtungen: Die ganze Welt will sich der Mensch erobern. Er weiß, daß in ihm genügend Kraft steckt, sich überallhin zu verströmen. Er muß nicht haushalten mit seinen Kräften. Er will alles, er kann alles..., die Wirklichkeit wird ihn noch früh genug einholen!

Noch etwas anderes verbirgt sich hinter den vier Strömen: In der Zahlenmystik des Altertums hatte die 4 die Bedeutung von weltlich, erdgebunden und damit unserem Leben vor dem Tode zugewandt. Natürlich steht sie nicht zufällig hier. So soll unterstrichen werden, daß es in dieser Erzählung um den Menschen in der Welt geht. Die transzendenten, die religiösen Anteile im Menschen haben keine besondere Bedeutung. Ganz offenkundig sind Aspekte des Glaubens durch die kultische Sprache erst nachträglich in die bereits vorhandene Erzählung hineingelegt worden, mit der wir uns gerade beschäftigen. Wir werden sehen, der Mensch findet seinen Weg.

Einen Schönheitsfehler sollte man an dieser Stelle nicht verschweigen. Aus dem schönen Traum vom Garten der Wonne reißt uns die Erzählung unvermittelt heraus. Da war noch gerade die Rede von der Quelle und den vier Strömen, wie der Mensch aus seiner inneren Mitte heraus die Welt für sich erobern will. Dann pfuscht da ein Schreiberling hinein und erklärt, um welche Flüsse es sich denn wohl gehandelt habe (*Der erste Hauptarm heißt Pischon... der zweite Strom heißt Gihon... Der dritte Strom heißt Tigris, der fließt östlich von Assyrien. Der vierte Strom ist der Euphrat*). Das führte zu dem Mißverständnis, als könne man nun angeben, wo der Garten Eden war. Dem ist natürlich nicht so. Es waren die Flüsse, die die Herkunft unseres Textes bezeugen: Mesopotamien, das Zweistromland zwischen Euphrat und Tigris.

Von einem Symbol in diesem Bilderbuch der Seele haben wir noch gar nicht gesprochen, von dem Baum der Erkenntnis des Guten und Bösen. Der Baum des Lebens, ein Schlüsselbild in der Traumsymbolik für das eigene Wesen, die innere Mitte, zu der jemand finden möchte, hat seinen Platz in dem Bild in der Mitte des Gartens, da wo er am stärksten und

prägendsten wahrgenommen wird, wohin er ja auch gehört. Der andere Baum, der Baum der Erkenntnis des Guten und Bösen, hängt etwas verloren nach. *Gott ließ aufwachsen... und den Baum des Lebens mitten im Garten und den Baum der Erkenntnis des Guten und Bösen.* Würde da nicht auch im Urtext »und« stehen, würde man vermuten, daß es sich um den gleichen Baum wie den des Lebens handelt. So meint mit anderen auch Drewermann, daß es sich nur um einen Baum handelt. Es ist nicht der gleiche Baum.
Dieser Baum, das wissen wir, spielt nachher noch eine große Rolle. Es könnte sein, wir werden das sehen, daß dieser Baum gar nicht zufällig so verloren herumsteht. Lassen Sie es uns abwarten.

Offen fürs Leben
1. Mose 2, 15

15 Und Gott der Herr nahm den Menschen und setzte ihn in den Garten Eden, daß er ihn bebaute und bewahrte.

Die Entwicklung geht weiter, wir bleiben in der Seele des Menschen, in seiner Mitte, und sind wieder zugleich in seiner Wirklichkeit, und wir sehen: Was für ihn da ist an Möglichkeiten und Chancen, er muß sie ergreifen und pflegen. Im Text noch einmal sehr betont: *Gott setzte den Menschen in den Garten, daß er ihn bebaute und bewahrte.* Handelt es sich um eine unnötige Wiederholung aus Vers 8? Sicher nicht. Der Einstieg wird wiederholt, um damit den Beginn eines neuen Abschnitts herauszuheben. Adam, der Mensch, ist älter geworden. Aus Träumen werden Taten; jetzt wird nicht mehr gespielt, jetzt wird gehandelt, die Zeit der Ausbildung, die Lehre hat angefangen. Der Mensch wird beginnen, nachdem er staunend gesehen hat, welche Möglichkeiten ihm gegeben sind, diese in seinem Leben umzusetzen. Der Lebenskampf beginnt, der Garten will bebaut, die Welt gestaltet werden. Der Mensch muß sich die Welt, seine Welt erobern, will er nicht auf der Strecke bleiben. Wie wirklichkeitsnah ist dem Gestalten das Bewahren hinzugefügt: Er soll den Garten nicht nur bebauen, er soll ihn auch schützen. In seine Gegenwart gehört die Zukunft mit hinein, er soll formen und planen, wie er sich sein Leben vorstellen möchte.

Hören auch Sie, liebe/r Leser/in, wenn Sie diesem Satz ein wenig nachsinnen, die strengen Worte Ihres Vaters wieder, oder sehen Sie den mahnenden Zeigefinger Ihrer Lehrerin: »Wir lernen nicht für die Schule, sondern fürs Leben«?
Bei uns ist es nicht anders, auch wir müssen unseren Garten bebauen und bewahren. Nicht jeder tut das. Wie viele Menschen mögen sich wohl am Ende ihres Lebens enttäuscht fragen, ob das, was sie erlebt haben, alles gewesen sein sollte? Man wird sie fragen dürfen, ob sie die Bäume in ihrem Garten gesehen und begossen haben.
(Aus diesem Satz wird häufig abgeleitet, daß der Mensch sich die Erde nicht nur untertan machen soll (Gn. 1,28), sondern sie auch als Schöpfung zu bewahren habe. Das paßt bei unserer Auslegung natürlich nicht mehr. Man sollte die Kapitel Gn. 1 und 2 nicht miteinander vermengen; sie sind vollkommen unterschiedlich in Herkunft und Intention. Außerdem sind mit Gn. 1,28 noch besondere Probleme verbunden; wie wir dort sehen werden).

Lernen und leiden
1. Mose 2, 16 - 17

16 Und Gott der Herr gebot dem Menschen und sprach: Du darfst essen von allen Bäumen im Garten, 17 aber von dem Baum der Erkenntnis des Guten und Bösen sollst du nicht essen, denn an dem Tage, da du von ihm issest, mußt du des Todes sterben.

Nun wird es spannend: Ich sehe den Adam, den Menschen, so lebendig vor mir, sehe mich selbst, wie er in seinen Gefühlen alle Möglichkeiten erwägt, aus seinem Leben etwas zu machen; so viele Bäume, so viele Chancen. »Ich bin stark und tüchtig, ich schaffe es schon«, hört man ihn förmlich sagen, und er beginnt, seinen Garten zu bebauen, seinem Auftrag gerecht zu werden. Der Mensch lernt anzupacken, er beginnt, seinen Weg zu gehen, alle Wege stehen ihm offen. In der Bildersprache unseres Textes: *Gott sprach, Du darfst von allen Bäumen im Garten essen.* Denken Sie nun nicht ans Schlaraffenland, denken Sie eher an die Qual der Wahl! Daß

der Garten Eden kein Schlaraffenland bleibt, weiß jeder, der einmal ein Mädchen oder einen Jungen bei der Zensurenvergabe in der Schule hat weinen sehen. Du darfst von allen Bäumen essen, heißt nicht, du sollst es auch. Wenn alle Wege offen sind, muß man sich für einen Weg entscheiden, die Grenzen seiner Möglichkeiten dabei im Auge behalten.
Wie viele Menschen leiden unter ihrem Beruf, werden krank, weil sie sich für einen Baum, das heißt für einen Weg entschieden haben, entscheiden mußten. Wie viele stehen auf der Schattenseite des Lebens, weil sie unter den vielen Bäumen ihren Baum nicht gefunden haben. Andere wieder greifen nach allen Früchten und finden vor lauter Wegen den Weg nicht mehr. Ob wir im späteren Leben auf der Schattenseite oder auf der Sonnenseite des Lebens stehen werden, hängt sehr davon ab, ob wir zur rechten Zeit den für uns richtigen Baum erkannt haben. Sind Sie erstaunt, daß nicht einmal das Paradies ohne Pferdefuß auskommt, daß sich hier zum erstenmal in das Bild paradiesischer Wonne die Wirklichkeit des Lebens einschleicht? Die heile Welt gibt es nicht, der Garten Eden verheißt sie nicht.

Da gibt es noch etwas. Es paßt nicht hinein in den Lebensentwurf des/der Adam: Er starrt auf den einen Baum, den Baum, der uns Gutes und Böses zu erkennen lehrt, der so deplaziert im Garten herumgeistert: *Aber von dem Baum der Erkenntnis des Guten und Bösen sollst du nicht essen; denn an dem Tage, da du von ihm issest, mußt du des Todes sterben.* In unserer Sprache: »Nein, von dem Baum darf ich nicht essen, er bedroht mich wie der Tod. Ich werde bestimmt sterben, wenn ich nach seiner Frucht greife...« Ahnen Sie liebe/r Leser/in, was das für ein sonderbarer Baum ist? Unsere Erzählung läßt das offen, verrät es nicht. Es ist ein Geheimnis um diesen Baum. Nicht nur der Leser wird im unklaren gelassen, den Betroffenen selbst scheint dieser Baum ein Rätsel zu sein. Man kann ihn nicht übersehen. Da, wo der Baum des Lebens ist, ist auch der Baum der Erkenntnis, gefährlich und geheimnisvoll. Noch hütet die Erzählung das Geheimnis. So will ich es vorerst auch tun. Wir werden beim Weiterlesen, da bin ich sicher, diese Stelle des Textes noch öfter im Kopf haben.

Der Mond bringt es an den Tag
1. Mose 2, 18 - 25

18 Und Gott der Herr sprach: Es ist nicht gut, daß der Mensch
allein sei. Ich will ihm eine Gehilfin schaffen, die um ihn sei.
19 Und Gott der Herr machte aus Erde alle Tiere auf dem
Felde und alle Vögel unter dem Himmel und brachte sie zu
dem Menschen, daß er sähe, wie er sie nennte; denn wie der
Mensch jedes Tier nennen würde, so sollte es heißen. 20 Und
der Mensch gab einem jeden Vieh und Vogel unter dem
Himmel und Tier auf dem Felde seinen Namen; aber für den
Menschen ward keine Gehilfin gefunden, die um ihn wäre.
21 Da ließ Gott der Herr einen tiefen Schlaf fallen auf den
Menschen, und er schlief ein. Und er nahm eine seiner Rippen
und schloß die Stelle mit Fleisch. 22 Und Gott der Herr baute
ein Weib aus der Rippe, die er von dem Menschen nahm, und
brachte sie zu ihm. 23 Da sprach der Mensch: Das ist doch
Bein von meinem Bein und Fleisch von meinem Fleisch; man
wird sie Männin nennen, weil sie vom Manne genommen
ist.[26] *24 Darum wird ein Mann seinen Vater und seine Mutter*
verlassen und seinem Weibe anhangen, und sie werden sein
ein Fleisch.
25 Und sie waren beide nackt, der Mensch und sein Weib,
und schämten sich nicht.

Gehst du mit mir?

Der schönste Garten wird irgendwann einmal langweilig, wenn sich nichts darin bewegt, sogar der Garten der Seele. So wird es nun lebendig bei unserem Kameraden, nun ist *adam* wirklich der Mann. Bisher waren nur Pflanzen vorgekommen, psychischer Ausdruck für inneres Wachstum und Reife, für Beständigkeit und Festigkeit des seelischen Zustands. Wie ein Baum, wie eine Blume steht der Mensch, wo er steht. Der Garten mit den Bäumen zeigt uns an, daß der Mensch in Ruhe reifen, sich entfalten, einen Standpunkt, seine innere Mitte finden will.

Für eine Zeit mag das genug sein, bewundernswert vielleicht sogar, dann aber wird es ihm unheimlich. Er entdeckt, daß er voller Energie steckt, voller Bewegung, daß er nach neuen Horizonten sucht, in denen er sich bewähren, sich behaupten kann. Es ist nicht die Fremde, die er meint, er sucht sein Gegenüber, will heraus aus dem Garten seiner Seele, und das hat nichts mit Entfernungen zu tun, die man in Kilometern mißt. Er will nicht da stehen bleiben, wo er steht; das Leben hat noch viele Optionen für ihn bereit: Neben Bäumen und Pflanzen treten jetzt Tiere und Vögel auf den Plan.

Es ist nicht gut, daß der Mensch allein sei, so beschreibt unser Text seinen seelischen Zustand: »Allein kann ich es gar nicht aushalten, bin ich nur ein halber Mensch«, scheint er zu fühlen. Er schaut sich um im Garten, ob es noch etwas gibt außer den Bäumen. Es gibt etwas: Genau wie er selbst aus Erde, aus der *adama*, entstehen vor ihm die Tiere des Feldes und die Vögel unter dem Himmel, sagt uns der Erzähler. Nicht mit dem Wissen des Verstandes, wohl aber mit dem Wissen der Intuition spürt er, wie nahe sie ihm sind, spürt seine Verwandtschaft zu ihnen. Bei den Tieren sucht er also zunächst sein Alleinsein zu überwinden. Man kann fast fühlen, wie er das Fohlen streichelt oder ein Lamm auf den Arm nimmt, wie sein Blick und seine Sehnsucht den weiten Kreisen des Adlers bis in die Wolken folgt. Seine Träume, seine Phantasie werden u.a. genährt von der Beweglichkeit, Kraft und Potenz der Tiere, von ihrer Geschicklichkeit, ihrem Mut und ihrer Schnelligkeit. Er fühlt sich ihrem instinkthaften Verhalten verbunden. Ein Tier müßte es sein, das um ihn herum wäre! Dankbar bekommt die Katze einen liebevollen Klaps, wenn sie sich an seinen Beinen reibt.

Aber die meisten Tiere fliehen den Menschen, verstecken sich im Dickicht, flüchten auf die Bäume oder fliegen davon. Tiere stehen für eine Entwicklungsstufe, die sich in der Seele widerspiegelt: Sie erscheinen immer dann in unseren Träumen, wenn etwas in uns in Bewegung gerät, sich verändern will...

Es ist nicht gut, daß der Mensch allein sei, ich will ihm eine Hilfe schaffen. Es muß nach dem Urtext nicht unbedingt eine Gehilfin, eine Frau sein. Die hebräische Sprache läßt offen, welches Geschlecht die Hilfe haben sollte. So zieht unser Text konsequent und lebenswirklich zunächst auch Tiere oder ein Tier in Betracht. Aber wir wissen ja aus unserer Lutherbibel, es läuft auf eine Gehilfin hinaus. Dennoch ist es schade, wenn die Übersetzung schon in der Schlagzeile die Pointe verdirbt.[27] Im Originaltext wird nicht vorher schon alles verraten. Ob Mann, Frau, Pferd oder Hund, der Mensch weiß nicht, wen er sich als Hilfe wünschen soll.

Das mag wohl manchem das Lesen in der Bibel so verleiden, daß man die Texte in der Urgewalt ihrer Sprache so gezähmt hat, wie wir hier an einer scheinbaren Nebensächlichkeit sehen. In diesen Bildern explodiert die Seele, und wir merken es nicht. Vielleicht sollen wir es auch nicht merken? Ein Vulkan paßt nicht in die altehrwürdigen Tempel bzw. Kirchen, auch nicht ein Vulkan der Seele. Dabei wäre manches lebendiger in den Gemeinden, wenn wir die Stürme der Seele zulassen könnten. Darin besteht doch die Vielfalt unseres Lebens, daß wir mit leuchtenden Augen unser Glück der ganzen Welt kundtun möchten und eine Stunde später vor lauter Depression am liebsten sterben würden. Das entspricht der Psychodramatik unseres Abschnitts. Auf jeden Fall ist es sehr anders, als wir die Botschaft Christi an eine Gemeinde kennen.

Mondscheinsonate

Lassen Sie uns zurückkehren in den biblischen Text!

Man kann die Feststellung *Es ist nicht gut, daß der Mensch allein sei, ich will ihm eine Hilfe schaffen*, auch als Frage formulieren, dann wird es klarer: In seiner träumerisch seelischen und realen Einsamkeit steht der Mensch allein mit seinen Plänen und ist ratlos und voller Angst: »Wo finde ich jemanden, der mir beisteht? Wo finde ich Hilfe?« Natürlich fragt er nicht, wer ihm hilft, sein Fahrrad zu reparieren. Es schreit aus ihm heraus, wie er zu dem werden kann, wofür er bestimmt ist, zum Menschen. Er fühlt sich von aller Welt verlassen, meint, sich niemandem anvertrauen zu können, steht sich selbst ständig im Wege. Er zieht sich von allen zurück, sucht die Einsamkeit; und doch, er will um alles in der Welt nur nicht mehr so allein sein! Kann er denn ahnen, daß es allen anderen auch nicht besser ging?

Die Ausweglosigkeit ist ein Übergang, die Entwicklung geht weiter, ein Weg wird gefunden. Nachdem der Mensch begonnen hat, seinen Garten zu bestellen (V.15), beginnt er nun, sich die Welt zu unterwerfen, seine Welt natürlich. In chiffriertem Text wird das so ausgedrückt, daß der Mensch den Tieren einen Namen gibt. Namen geben bedeutet herrschen.[28] Er übt Macht aus über die anderen Lebewesen, wenn er sie benennen, kennzeichnen kann. Die überlegene Intelligenz macht den Menschen zum Beherrscher der Natur.

Das war damals nicht anders als heute. In Farbe ausgedrückt: Das Pferd trägt ihn dahin, wohin er will. Wenn wir dieses Bild auflösen, weil ja kaum noch einer so naturverbunden aufwächst, wie das hier vorausgesetzt wird, bedeutet es, daß jeder nach Macht und Einfluß strebt; jeder will etwas Großes werden, die Kräfte, die in ihm schlummern, zur Geltung bringen. Zufrieden wird unser Mensch dabei nicht: Weder Pferde noch Hunde, kein Abitur, keine Meisterprüfung täuschen über sein Defizit hinweg: *Für den Menschen ward keine Hilfe gefunden, die um ihn wäre.*

Macht und Erfolg sind nicht die einzigen Triebfedern unseres Lebens. Wie tiefsinnig ist das andere danebengestellt: In seinem Herzen nämlich erklingt eine ganz andere Melodie, die ihn sich ganz auf sich selbst besinnen läßt. Verzweifelt scheint Gott zum letzten Mittel zu greifen. *Da ließ Gott der Herr einen tiefen Schlaf* (תַּרְדֵּמָה *tardema*:, griech. εκστα–σισ, Ekstase)[29] *fallen auf den Menschen, und er schlief ein.* Gerade war noch eine Steigerung der Aktivität des Menschen kaum vorstellbar, da schläft er ein. Wie das? Nein, er macht nicht schlapp. Statt dessen eröffnen sich ihm neue Horizonte. Der nach Erfolg strebende, auf Macht versessene Mensch sieht sich ganz plötzlich ohnmächtig einer anderen Macht ausgeliefert. Uralt ist das Motiv und uns allen vertraut aus einem Märchen: Mit 15 Jahren, mitten in ihrer Pubertät, schläft Dornröschen ein, schläft hundert Jahre, eine endlos erscheinende Zeit, geschützt hinter der dichten Dornenhecke Rührmichnichtan. Währenddessen schläft ihr auch die Welt, nichts geschieht um sie herum, in ihrer Welt...; dann küßt ihr Prinz sie wach, schenkt ihr das Leben neu, im Grunde überhaupt erst. Männern geht es nicht anders:

Adam, der Mensch, *schläft ein*, nimmt nichts mehr wahr von seiner Umgebung; seine Erfolge sind ihm gleichgültig, sein Hund versteht nicht, warum er nicht mehr mit ihm spielen will. Er fragt nicht, er weiß nicht, warum er überhaupt leben soll. Es gärt in ihm, rumort, als wären 100.000 Tiere in ihm. Er ist nicht mehr Herr seiner Sinne, seine Brust scheint zu platzen; es ist so wahnsinnig eng darin, daß er fast nicht mehr atmen kann, sein Herz hat keinen Platz mehr, so stark pulsiert es..., *und Gott der Herr nahm eine seiner Rippen...* Können Sie sich vorstellen, daß eine so anschauliche und eindrucksvolle Bildersprache ihren Grund hat? Es muß schon um etwas ganz Besonderes gehen, wenn diese Sprache angemessen sein soll. Als ob sein Brustkorb aufgeschnitten wäre, als ob er seiner Rippen, des Schutzes für Herz und Lunge, für sein Leben beraubt wäre, so fühlt sich der »Schläfer«. Lebensbedrohende Operation im Brustkorb, welch anschauliches Bild für den Seelenzustand eines Menschen, der nicht mehr und noch nicht weiß, wohin er gehört. Sehnsucht und Angst machen ihn unfähig, zu denken. Glück und Unglück - Unglück und Glück, es zerreißt ihn. Die Urkraft allen Lebens hat ihn ergriffen: Er hat sich verliebt.

Mit einer atemberaubenden Entdeckung von etwas, was er doch längst wußte, endet für den Mann die Zeit seines Tiefschlafes, so wird man diese berühmte Stelle wohl in unserer Sprache verstehen müssen. Wir brauchen uns nicht zu wundern, daß im männlichen Skelett keine Rippe fehlt. Für ihn ist es doch die Zeit, in der er morgens beschämt die Spuren seiner nächtlichen Phantasien zu verbergen sucht. Er entdeckt, ihm wird bewußt, daß die Frau seiner Träume eine Frau ist: an entscheidender Stelle anders als er.
Wir lesen in unserer Bibel, daß Gott eine seiner Rippen nahm und die Stelle mit Fleisch schloß. Das heißt im Urtext ganz anders: *Er (Gott) nahm eine seiner Rippen und schloß ihr Unteres* (hebr. תַּחְתֶּנָה *tachtänah*)[30] *mit Fleisch.* Die Rippe meint - mehr noch als die bekannte und vertraute Bedeutung - hier offenbar sein erigiertes Glied,[31] an dessen Stelle bei der Frau etwas tritt, was nun gar nicht knochenähnlich ist. Man kann nur staunen, mit welcher Genauigkeit hier mit der Beschreibung des körperlichen Unterschiedes die seelischen Komponenten verbunden werden.

Nun kann er an nichts anderes mehr denken als an sie. Vor ihm steht das Bild, das sein Alleinsein überwinden kann, überwinden muß: Ein Mädchen, Inbegriff und Vollendung aller Schönheit, aller Reinheit, überirdisch, ein Geschöpf des Himmels; alles ist sie, was man sich nur vom Leben erträumen kann, Ziel, einziges Ziel seiner ganzen Sehnsucht. - Und so weit weg! Er traut sich nicht. Stünde sie auch neben ihm, sie scheint unerreichbar. Würde sie nicht auf ihn zukommen, er müßte ersticken...

Sie geht auf ihn zu, zum Glück: *Gott brachte sie zu ihm.* Nur der Vollmond ist dabei, wenn sich ihre Fingerspitzen zum ersten Mal berühren, seine Hand ganz sanft um ihre Schulter gleitet, ihrer beider Herzen im gleichen Rhythmus zu schlagen beginnen: *Da sprach der Mensch: Sie ist doch Bein von meinem Bein und Fleisch von meinem Fleisch,* »sie ist doch wie ich, sie ist - ohne sie bin ich nicht - ein Teil von mir!« So fest drückt er sie an sich, schmiegt sie sich an ihn, als müßten sie der Gültigkeit dieser Wahrheit Gestalt geben. In Zukunft wird er ein Pfand von ihr für den größten Schatz der Welt halten.

Nun endlich weiß der Mensch, wohin er gehört: *Darum wird ein Mann seinen Vater und seine Mutter verlassen und seinem Weibe anhangen, und sie werden sein ein Fleisch.* Hatte er auch gestern noch versprochen, den Rasen zu mähen, er hat keine Zeit mehr dafür. Hatte er gestern noch Mutters Schokoladenpudding für eine Götterspeise gehalten, jetzt schmeckt er eher fad. Nichts kann ihn halten, er muß zu ihr, sie in den Arm nehmen, mit ihr zusammensein. Kein Gedanke ist schlimmer, als sie zu verletzen. Ihr geht es nicht viel anders: Ihre Seelen liegen wie ein aufgeschlagenes Buch vor ihnen. *Sie waren beide nackt und schämten sich nicht.* Sie sind beide so wie sie sind, es gibt nichts zu verbergen...

Hätten Sie gedacht, in der dummen, mit so viel Spott bedachten Geschichte von der Rippe, das aufregendste und schönste Erlebnis Ihres Lebens vor sich zu haben, die Zeit Ihrer ersten großen Liebe?

Der Lauf des Lebens jedoch kennt keinen Stillstand:

Und so geht es weiter:
1. Mose 3, 1 - 19

1 Aber die Schlange war listiger als alle Tiere auf dem Felde,
die Gott der Herr gemacht hatte, und sprach zu dem Weibe:
Ja, sollte Gott gesagt haben: ihr sollt nicht essen von allen
Bäumen im Garten? 2 Da sprach das Weib zu der Schlange:
Wir essen von den Früchten der Bäume im Garten; 3 aber
von den Früchten des Baumes mitten im Garten hat Gott
gesagt: esset nicht davon, rühret sie auch nicht an, daß ihr
nicht sterbet! 4 Da sprach die Schlange zum Weibe: Ihr wer-

det keineswegs des Todes sterben, 5 *sondern Gott weiß: an*
dem Tage, da ihr davon esset, werden eure Augen aufgetan,
und ihr werdet sein wie Gott und wissen, was gut und böse
ist.
6 *Und das Weib sah, daß von dem Baum gut zu essen wäre*
und daß er eine Lust für die Augen wäre und verlockend,
weil er klug machte. Und sie nahm von der Frucht und aß
und gab ihrem Mann, der bei ihr war, auch davon, und er aß.
7 *Da wurden ihnen beiden die Augen aufgetan, und sie wur-*
den gewahr, daß sie nackt waren, und flochten Feigenblätter
zusammen und machten sich Schurze.
8 *Und sie hörten Gott den Herrn, wie er im Garten ging, als*
der Tag kühl geworden war. Und Adam versteckte sich mit
seinem Weibe vor dem Angesicht Gottes des Herrn unter den
Bäumen im Garten. 9 *Und Gott der Herr rief Adam und*
sprach zu ihm: Wo bist du? 10 *Und er sprach: Ich hörte dich*
im Garten und fürchtete mich; denn ich bin nackt, darum
versteckte ich mich. 11 *Und er sprach: Wer hat dir gesagt, daß*
du nackt bist? Hast du nicht gegessen von dem Baum, von
dem ich dir gebot, du solltest nicht davon essen? 12 *Da sprach*
Adam: Das Weib, das du mir zugesellt hast, gab mir von dem
Baum, und ich aß. 13 *Da sprach Gott der Herr zu dem Wei-*
be: Warum hast du das getan? Das Weib sprach: Die Schlan-
ge betrog mich, so daß ich aß.
14 *Da sprach Gott der Herr zu der Schlange: Weil du das ge-*
tan hast, seist du verflucht, verstoßen aus allem Vieh und al-
len Tieren auf dem Felde. Auf deinem Bauche sollst du krie-
chen und Erde fressen dein Leben lang. 15 *Und ich will*
Feindschaft setzen zwischen dir und dem Weibe und zwi-
schen deinen Nachkommen und ihren Nachkommen; der soll
dir den Kopf zertreten, und du wirst ihn in die Ferse stechen.
16 *Und zum Weibe sprach er: Ich will dir viel Mühsal schaf-*
fen, wenn du schwanger wirst; unter Mühen sollst du Kinder
gebären. Und dein Verlangen soll nach dem Manne sein, aber
er soll dein Herr sein.
17 *Und zum Manne sprach er: Weil du gehorcht hast der*
Stimme deines Weibes und gegessen von dem Baum, von dem
ich dir gebot und sprach: Du sollst nicht davon essen -, ver-
flucht sei der Acker um deinetwillen! Mit Mühsal sollst du
dich von ihm nähren dein Leben lang. 18 *Dornen und Disteln*
soll er dir tragen, und du sollst das Kraut auf dem Felde essen.

19 *Im Schweiße deines Angesichts sollst du dein Brot essen, bis du wieder zu Erde werdest, davon du genommen bist. Denn du bist Erde und sollst zu Erde werden.*

1. Mose 3, der Sündenfall?

Wir kommen zum 3. Kapitel, von dem uns immer gesagt wurde, die Erzählung von Adam und Eva und dem berühmten Apfel sei die Sündenfallgeschichte, die uns erkläre, warum wir alle so schlechte Menschen sind. Diese Deutung, so bekannt und verbreitet sie auch ist, gehört in den Papierkorb! Adam und Eva, das erste Menschenpaar? Unsinn. Ungehorsam gegen Gott? Töricht. Vertreibung aus dem Paradies? Frommes Mißverständnis, und das alles noch nicht einmal besonders intelligent. All das rührt daher, daß irgendwelche Redaktoren meinten, einen zweiten Schluß in den Versen 20 bis 24 anhängen zu müssen, verhängnisvoll fromm und töricht. Sie haben damit diese Erzählung nicht nur in ein religiöses Gewand gehüllt, sie haben sie, indem sie sie als Geschichte der Beziehung zwischen Gott und Mensch verstanden, anders gedeutet und ihr mit ihrer Interpretation einen neuen Inhalt gegeben. Immerhin haben sie dadurch sehr erfolgreich dazu beigetragen, daß den Kirchen bis heute der gouvernantenhafte Charme des erhobenen moralischen Zeigefingers anhaftet.

Was uns hier erzählt wird, ist etwas elementar anderes als die Geschichte von der ersten Sünde der ersten Menschen, die uns angeblich soviel Kummer bereiten soll. Nur unter ganz irreführenden Voraussetzungen macht es Sinn, daß durch die Einteilung in zwei unterschiedliche Kapitel eine so bedeutsame Beschreibung dessen, was wir sind, weitestgehend unbeachtet blieb. Sowenig im 2. Kapitel eine (zweite) Schöpfungsgeschichte vorlag, sowenig haben wir es jetzt mit einer Sündenfallgeschichte zu tun. Die Zäsur zwischen den Kapiteln 2 und 3 ist willkürlich und unbegründet, wie sich schnell zeigen wird.

Weibliche Logik - Logik des Herzens
1. Mose 3, 1 - 5

Nahtlos und folgerichtig schließt dieser Abschnitt an den vorigen an. Wieder bekommen Bilder der Seele und ihre Wirklichkeiten Formen und Worte. Nun aber nicht mehr in der des Mannes, sondern in der Seele der Frau. Wie hatte es noch im vorigen Abschnitt geheißen? *Weil sie vom Manne genommen ist, wird man sie Männin nennen.* (aus hebr. *isch* wird *ischa*). Das klang in dem Zusammenhang noch ganz klug und logisch, sofern man Gott als Rippenschnitzer verstehen will und sich nicht auf den ursprünglichen Sinn des Erzählten einläßt. Diese Erklärung wird den Frauen aber keineswegs gerecht, wie die folgenden Verse lehren werden. Mag das damals herrschende Patriarchat hier auch hineingespielt haben, es hat kaum Bedeutung für diese Erzählung. Der Verfasser berichtet mehr über Menschen und Menschsein, als ihre soziale Rolle zu beschreiben. Wer immer das hier geschrieben hat, er wußte genau, warum sich das Psychogramm der Seele nun an die Frau wenden muß. Sie, liebe Leserin, die Sie vielleicht gemeint haben, die Bibel und nun auch ich hätten die Frauen wieder einmal vergessen, werden vielleicht ja mit mir staunen über die strenge und logische Einzigartigkeit der Erzählung.

1 Aber die Schlange war listiger als alle Tiere auf dem Felde,
die Gott der Herr gemacht hatte, und sprach zu dem Weibe:
Ja, sollte Gott gesagt haben: ihr sollt nicht essen von allen
Bäumen im Garten? 2 Da sprach das Weib zu der Schlange:
Wir essen von den Früchten der Bäume im Garten; 3 aber
von den Früchten des Baumes mitten im Garten hat Gott ge-
sagt: esset nicht davon, rühret sie auch nicht an, daß ihr nicht
sterbet! 4 Da sprach die Schlange zum Weibe: Ihr werdet kei-
neswegs des Todes sterben, 5 sondern Gott weiß, an dem Ta-
ge, da ihr davon esset, werden eure Augen aufgetan, und ihr
werdet sein wie Gott und wissen, was gut und böse ist.

Wer ist die Schlange?

Und die Schlange war listiger als alle Tiere auf dem Felde, die Gott der Herr gemacht hatte. Mit der Schlange wird nun neben Bäumen, Quelle und Tieren ein neues Symbol in die Geschichte eingeführt. Ist sie das bekannte schillernde Traumsymbol von Klugheit und Verschlagenheit, das in unserem Unterbewußtsein eine große Rolle spielt und dem wir zugleich mit Neugier und Angst begegnen?[32] Oder steht sie für geheimnisvoll okkulte Phänomene, wie es das hebräische Wort nahelegen würde, dessen Wurzel wahrsagen, Wahrsagerei bedeutet? [33] Oder steht sie für das Glied des Geliebten, das sich aufrichtet wie eine Schlange, wenn es zu ihr will, oder gar für ihre eigene Scham, die im Hebräischen mit einer Abwandlung dieses Wortes bezeichnet wird?[34] Alles ist möglich, wir müssen es nicht beantworten. Wir hören ja schon heraus: Es handelt sich bei der Schlange um ein äußerst schillernd dämonisches Symbol von explosiver psychischer Ausdruckskraft. Die Schlange zeigt an, daß jetzt etwas geschehen wird von erdbebenartiger Wucht, das alles mit sich reißen wird...

Schleichend und leise und doch wie eine Fanfare, unvermittelt, unerwartet, unheimlich und doppelzüngig wie ein böser Geist, ist sie da, die Schlange, ist da bei dem Baum. Hinterhältig, wie es scheint, führt sie sich ein: *Ja, sollte Gott gesagt haben, ihr sollt nicht essen von allen Bäumen im Garten?* Natürlich dürfen sie, dafür sind sie da, die Bäume der Lebenschancen! *Wir essen von den Früchten der Bäume im Garten,* kommt die prompte und beachtenswert präzise Antwort. Wir erinnern uns: Der Garten Eden ist keineswegs das Schlaraffenland. Ohne zweifelnde und oft sehr unsichere Nachfrage wird es wohl niemandem gelingen, unter den vielen Möglichkeiten den richtigen Weg zu wählen. So hinterhältig, wie es schien, ist die Schlange gar nicht, denn ihre Frage stellt die unsichere Nachfrage des Menschen nach dem richtigen Baum, dem richtigen Weg dar. In ihr verkörpert sich unsere zweifelnde Angst, wenn wir vor Entscheidungen stehen, die unser Leben verändern werden.

Die Schlange hat genau ins Schwarze getroffen: Der unscheinbare Unterschied zwischen der Frage der Schlange und der Antwort der Frau gibt Einblick in das Problem: Obwohl wir es sicher dürften, essen wir nicht von allen Bäumen; wir wählen aus, jeder wählt für sich. Wir essen tatsächlich nur (einige) von den Früchten der Bäume und nicht von allen Bäumen, denn wir wissen, alles zur gleichen Zeit haben zu wollen, würde uns krank machen. Die Schlange ist ein Teil von uns selbst. Nicht von einem Gegenüber, aus uns selbst heraus kommt die Frage nach den Grenzen unserer Möglichkeiten. Mit dem Teufel als dem Gegenspieler Gottes, mit der Verkörperung des Bösen, wie uns immer gesagt wurde und wie es die Erzählung ja auch nahelegt, hat ihr Auftreten nichts zu tun.

Soll ich oder soll ich nicht...?

Wenn es darum geht, daß wir von den Früchten der Bäume im Garten essen, gibt es eine Ausnahme, räumt die Frau ein, *von den Früchten des Baumes mitten im Garten hat Gott gesagt: esset nicht davon, rühret sie auch nicht an, daß ihr nicht sterbet!* So ist es also: Unter den vielen Bäumen gibt es einen Baum, von dem essen sie tatsächlich nicht, der macht ihnen angst; von dem Baum zu essen, fürchten sie, bedeutet soviel wie Sterben. Wir wissen, es ist der Baum der Erkenntnis des Guten und Bösen. Jetzt heißt er aber plötzlich *der Baum mitten im Garten*, und das sicher nicht ohne Grund!

Bei diesem Baum finden wir die Schlange. Und nun starrt auch die Frau auf den sonderbaren Baum: »Darf ich auch davon essen, dürfen wir davon essen?« Der Baum ist nicht mehr nur da im Garten, steht nicht mehr im Schatten der anderen, ungereimt in der Gegend herum. Er hat das Zentrum erobert. In der Mitte des Gartens, an der Stelle des Baumes des Lebens, anstelle des Baumes des Lebens steht er jetzt. Er ist mit dem Baum des Lebens verschmolzen, mehr noch, er ist in ungeahnter Bedeutung zum Baum des Lebens geworden. Es gibt nichts mehr außer, neben diesem Baum. »Was ist, wenn ich nach seiner Frucht greife?« Spüren Sie, wie die Spannung wächst?

Von den Früchten des Baumes mitten im Garten hat Gott gesagt: esset nicht davon, rühret sie auch nicht an, daß ihr nicht sterbet, antwortet sie der Schlange. Sie kennt also auch das Verbot Gottes, von dem Baum der Erkenntnis zu essen. Fast unbemerkt, ganz nebenbei, wird mitgeteilt, was schon mehrfach betont wurde, daß nämlich die Frau an der Entwicklung des Menschen natürlich gleichen Anteil hat wie der Mann, da gibt es keinen Unterschied. *Adam* heißt der Mensch, unterscheidet nicht zwischen Mann und Frau. Allerdings hat sich im Vergleich zu den vorigen Abschnitten eine Kleinigkeit geändert. Fällt Ihnen auch auf, daß in der Anrede der Plural verwendet wird, *ihr* sollt nicht essen, und daß die Frau auch immer mit *wir* antwortet? Warum wohl? Sie wissen es nicht? Sie werden es gleich erfahren!

Die Frau wehrt sich gegen das noch unausgesprochene Ansinnen der Schlange: *Von den Früchten des Baumes mitten im Garten hat Gott gesagt: Esset nicht davon, rühret sie auch nicht an, daß ihr nicht sterbet!* Aus ihrem tiefsten Inneren hören wir die Angst. Sie redet ja nicht zu einem Tier, zur Schlange, sie redet zu sich selbst, zu den Anteilen in ihr, die durch die Schlange symbolisiert werden. Der geheimnisvolle Baum macht angst, seine Frucht nur zu berühren, erschreckt sie schon zu Tode, und das wahrlich nicht grundlos! Angst hat zu tun mit Todesangst, so gefährlich erscheint der Baum. Wenn sie nach dieser Frucht greifen, wird nichts mehr so sein wie vorher. Sie weiß es: Man geht durch eine Tür, aber die hat von außen keinen Griff. Nie mehr kann man zurück in den Garten der Träume.

Ein Schauer ergreift sie, ein heiliger Schauer, sie sieht sich etwas Heiligem gegenübergestellt. Sie darf, sie will nicht von den Früchten dieses Baumes essen, nicht einmal damit in Berührung kommen. - Aber es ist doch der Baum mitten im Garten! Es gibt keinen Weg an ihm vorbei. Längst hat er den Platz, der dem Baum des Lebens vorbehalten war, eingenommen. Von seiner Frucht zu essen ist sterben und leben, nicht davon essen ist nicht leben...

Die Antwort gibt sie sich nicht mehr selbst, jedenfalls nicht als Ausdruck ihres Verstehens. Die Antwort ist sie selbst. Was ihr die Schlange, dieses Symbol angsterregender und doppeldeutiger psychischer Urkraft, einflüstert, von dem sie weiß, daß es sie wie Urgewalt überrollt, es wird den Damm brechen: *Gott weiß, an dem Tage, da ihr davon* esset, *werden eure Augen aufgetan, und ihr werdet sein wie Gott und wissen, was gut und böse ist.* Der Baum ist so verlockend, das, wofür er steht, so überwältigend, sie weiß, sie wird nicht widerstehen können. Die Angst beginnt zu bröckeln, sie will leben... Mit der Stimme der Schlange in sich selbst beginnt sie, ganz neuen Gefühlen Raum zu lassen: »Das kann doch nicht sein, daß wir, wenn wir von dem Baum essen, sterben; wir werden keineswegs sterben sondern wissen, wer wir sind.« Sie fühlt, ahnt, weiß, sie werden keine Kinder mehr sein.

Komm, beiß in den Apfel!
1. Mose 3, 6 - 7

6 *Und das Weib sah, daß von dem Baum gut zu essen wäre*
und daß er eine Lust für die Augen wäre und verlockend,

weil er klug machte. Und sie nahm von der Frucht und aß und gab ihrem Mann, der bei ihr war, auch davon, und er aß.
7 Da wurden ihnen beiden die Augen aufgetan, und sie wurden gewahr, daß sie nackt waren, und flochten Feigenblätter zusammen und machten sich Schurze.

Sie bleiben keine Kinder, der Gipfel der Erzählung ist erreicht, die Ängste, Erwartungen und Gefühle des vorigen Abschnitts werden jetzt zum wirklichen Erlebnis. Erstmalig redet nun unser Text von der Frau allein, und das nicht zufällig. War sie vorher kurz Sprecherin für sich und den Mann an ihrer Seite, geht es jetzt zunächst um sie selbst, erst danach um sie beide. Es hat schon seinen Grund, warum unsere Erzählung sich in der Seele der Frau fortsetzen mußte. Der Mann wird teilhaben an dem Geschehen, wenn es Zeit ist. Haben Sie ein wenig Geduld; auf die Antwort, warum das so ist, werde ich Sie nicht lange warten lassen.
Der Höhepunkt der Erzählung nimmt das Hinschauen noch einmal auf, doppelbödig, wie schon so oft in unserer Erzählung. Was mit dem inneren Auge in der Seele geschaut wird, korrespondiert mit dem, was wir wirklich sehen. Mit offenen Augen beginnt, was sich mit geschlossenen Augen erfüllt und am Ende die Augen öffnet: Die Frau *sah, daß von dem Baum gut zu essen wäre, eine Lust für die Augen,* und es ist so verlockend, seine Frucht zu betrachten, weil sie wissend macht. Mit Neugier oder Wissensdurst hat es auch zu tun, was hier gemeint ist, aber darauf kommt es nicht an. Hier geht es um Fragen nach Zukunft und Leben, beschrieben mit dem Baum des Erkennens, der zum Baum des Lebens wurde. Sie ist nicht bloß interessiert, sie muß um jeden Preis wissen, fühlen, erleben, was es mit dieser seltsam verlockend gefährlichen Frucht auf sich hat...
Sie wirft einen Blick noch auf den Baum: Alles, was so bedrohlich an ihm war, die Elemente des Todes, sie sind vergessen. Die Gefahr, die von ihm auszugehen schien, sie wird beiseite geschoben. Der Baum, der vorher so verloren in der Gegend herumgegeistert war, dessen Berührung allein schon tödliche Bedrohung zu sein schien, der dann an die Stelle des Lebensbaumes getreten war, er ist zum Mittelpunkt alles Denkens und Handelns geworden, zum Traum der Träume, zur Verheißung allen Glückes, aller Hoffnung, aller Seligkeit:

Sie nahm von der Frucht und aß und gab ihrem Mann, der bei ihr war, auch davon, und er aß.

Nur kurz, aber von tiefster Bedeutung war das Intermezzo, das die Frau allein betraf. Feinfühliger kann man nicht beschreiben, daß Frauen anders sind als Männer. Nur Sie, liebe Leserin, werden ermessen, vielleicht sogar erinnern können, was gemeint ist. So zartfühlig, so geheimnisumrankt, so genau den Gefühlen der Menschen, die zum erstenmal die körperliche Liebe erleben, nachempfunden, werden wir schwerlich in der Weltliteratur eine vergleichbar sensible Beschreibung dessen, was in uns vor sich geht, finden.

Jetzt ist der Mann wieder voll einbezogen. Das, was die beiden mit der sichersten Überzeugung für unmöglich hielten, was sie von sich wiesen, als wäre es ihr Ende, ist geschehen. Die süßeste Wonne, die tiefste Einsicht, die magischste Kraft, die letzte Gewißheit sind zusammengeschmolzen - im Akt der Liebe.

Muß man wirklich noch betonen, daß sie es natürlich ist, die schließlich die Initiative ergreift, die nach der »Frucht« greift und dem Manne auch davon gibt, daß er ißt? Unzählige Künstler haben den Augenblick dargestellt, wie unter einem Baum eine nackte Frau einem nackten Mann, Eva, wie sie meinten, dem Adam einen Apfel darreicht. Sie haben nichts verstanden, sind der jüdisch-christlich theologischen Interpretation auf den Leim gegangen. Der Baum ist doch nicht Teil einer Obstplantage! Es ist ein Baum unserer Seele, Symbol unseres Heranwachsens zur Frau und zum Mann. So ist die Frucht dieses Baumes, nämlich das, was uns am allermeisten umtreibt, natürlich auch kein Apfel.

Ja, sie ergreift die Initiative, sie gibt ihm von der Frucht, aber doch nicht, weil sie böser ist als der Mann oder raffinierter, weiter von Gott entfernt, oder was sonst alles an Unsinn dahineingelegt wurde. Wie sollte es denn wohl anders sein, wenn von den körperlichen Gegebenheiten her doch natürlich nur sie allein Zugang zu dieser Frucht hat? Der berühmteste, berüchtigste und begehrteste Apfel der Welt, wo dachten denn Sie wohl, daß man ihn findet...?

Daß im Mittelalter die Frucht dieses Baumes als Apfel gesehen wurde, mag mit der lateinischen Bibel-Sprache zusammenhängen. Das Böse heißt lateinisch ebenso wie Apfel *malum*, das dazugehörige Adjektiv *malus* bedeutet sittlich schlecht. Der Griff der Frau nach der Frucht, so altehrwürdige Prediger vor Jahrhunderten, der Griff nach dem *malum*, dem Apfel, wäre demnach der Griff nach dem Bösen in der Welt gewesen. Und weil hier ja steht, daß sie zuerst danach gegriffen habe, sind die Frauen die Ursache des Bösen, so einfach ist das, und jeder glaubt es. Das ist natürlich intellektueller Unsinn, nicht der einzige im Verlaufe von 2000 Jahren Kirchengeschichte, und leider nicht folgenlos.

Daß der Baum, Ausdruck unserer Sexualität, unseres Fortpflanzungstriebes, der ursprünglich ganz lebenswirklich ungereimt in der Gegend herumstand, soviel Angst verursachte, um schließlich zum Mittelpunkt unseres Lebens zu werden, *Baum der Erkenntnis des Guten und Bösen* (Gn 2,9.17) genannt wird, regt zum Nachdenken an. Wahrlich nicht wenige Stellen der Bibel berühren das Thema von Gut und Böse! Dieser sehr alte Text bezieht sich nicht auf solche anderen Bibelstellen, die er ja gar nicht kennen kann. Gut heißt hier: angepaßt an die Anforderungen der Stammesgemeinschaft, böse dementsprechend: unangepaßt. Zuerst sind es die familiären Belange: »Das ist toll, daß du die Küche aufgeräumt hast«, später, etwas brisanter: »Komm mir nicht mit einem Kind nach Hause!« Sie wissen, was ich meine...; mit Gut und Böse im Sinne theologisch-philsosophischem Nachdenkens über das Gute im Menschen und das Böse, das ich tue, obgleich ich es nicht will,[35] hat das hier gar nichts zu tun. *Gut und Böse* sind ein Zwillingsbegriff, nicht voneinander zu trennen. Der *Baum der Erkenntnis des Guten und Bösen* ist Symbol für das Wissen der Welt der Erwachsenen, von seiner Frucht zu essen, ist erwachsen sein.
Wenn der biblische Text das allmähliche Entstehen und die Erfüllung unserer Sexualität so stark hervorhebt, dann doch nur, weil sich nirgendwo sonst unsere Reife so deutlich kenntlich macht wie in der Geschlechtsreife. Und: Kennen Sie eine stärkere Triebfeder für unsere Lebensgestaltung mit allen ihr innewohnenden Hoffnungen, Träumen und Enttäuschungen als die Liebe zwischen Mann und Frau?

Ernüchternde Wirklichkeit

Nun ist eingetreten, was so lange schon in der Erzählung angelegt war. Die beiden haben von der verbotenen Frucht gegessen, sich zum ersten Mal ganz hingegeben. Das ist nicht irgendein Erlebnis im Leben des Menschen, es gibt nicht viele Erlebnisse von diesem Gewicht und dieser Ausstrahlung, so von Angst besetzt und so beglückend. Es kann der Anfang sein eines glücklichen und erfüllten Lebens, es kann aber auch ein Leben zerstören, wenn Gewalt oder berechnender Egoismus eine dominierende Rolle spielen. Nicht zufällig nimmt die Begegnung der Geschlechter einen so breiten Raum in dieser Erzählung ein. Dem entspricht nun auch die Fortsetzung der Beschreibung des Menschen; sie ist nicht weniger spannend:

Da wurden ihnen beiden die Augen aufgetan. Was der Baum *Erkenntnis von Gut und Böse* versprochen hat, hat sich bewahrheitet. Was sich ereignet hat, ist zum Schlüsselerlebnis geworden. Immer wieder drängte die Erzählung auf diesen Augenblick hin; jetzt ist er eingetreten und stellt sich dar wie eine zweite Geburt, ein Wendepunkt im Leben des Menschen. Aus dem Jungen wurde ein Mann, das Mädchen wurde zur Frau, ihre Entwicklung von der Zeugung bis zur Reife ist abgeschlossen, nun sind sie es, die Kinder bekommen, sie sind jetzt vollgültige Mitglieder der Gesellschaft geworden. Das, was so furchtbare Angst machte an dem Baum des Erkennens, was zugleich auch so verlockend an ihm war, nämlich, daß der Baum Teilhabe am Wissen bot, hat sich erfüllt. Allerdings hat das nun gar nichts mit jener Moral zu tun, die diesem Text so oft unterlegt wird. Es geht ganz schlicht darum, erwachsen geworden zu sein, an den Beratungen und an den Informationen der erwachsenen Stammesgenossen teilzuhaben. Bisher waren sie die Kinder, denen man sagte, was Sache ist, was sie durften und was nicht. Jetzt sind sie erwachsen, die Erwachsenen, jetzt geben sie die Richtung an. Wer wollte bestreiten, wie aufregend dieser Umbruch ist, mit wieviel Angst besetzt, ob man sich behaupten und durchsetzen können wird in der Erwachsenenwelt? Jenes Wissen um Gut und Böse, das einen so unendlich hohen Anspruch an Ethik und Moral zu beinhalten schien, erweist sich fast banal als Erwachsenenmentalität im Unterschied zum Bewußtsein der Jugend. Hieß es vorher (2,25) *Sie waren beide nackt und schämten sich nicht*, war damit die Unbefangenheit der Kindheit ausgedrückt. Jetzt sehen sie, daß sie nackt sind, und suchen ihre Schamzonen zu bedecken, sie passen sich der Welt der Erwachsenen an: *Sie wurden gewahr, daß sie nackt waren, und flochten Feigenblätter zusammen und machten sich Schurze.*

Damit ist noch nicht alles gesagt zu dieser Stelle. Wie genau traf die Schlange der Wunschträume aller jungen Menschen deren Ideale für die Zukunft: Wenn sie einmal erwachsen sind, so meinen sie, werden sie alles viel besser machen, neue, tragfähigere Normen setzen. In der Sprache unserer Erzählung (V. 5) hieß es: *Gott weiß, an dem Tage, da ihr davon esset, werden eure Augen aufgetan, und ihr werdet sein wie Gott.*

Nun öffnen sich ihnen die Augen - und sie sind enttäuscht! Zu sein wie die Erwachsenen (= zu sein wie Gott) schien ihnen mit den Kinderaugen bedeutungsvoll und verlockend, jetzt sehen sie nur, daß sie nackt sind, sich anpassen müssen. Sie werden mit Lendenschurzen herumlaufen und sich mit dem Mittelmaß wie alle anderen zufrieden geben müssen.

Kürzer und (zumindest für die Zeit, als dieser Text enstanden ist) genauer kann man es nicht ausdrücken: In die Welt der Erwachsenen paßt nicht mehr die Unbefangenheit des Kindes. So geschieht auch - natürlich - nicht, was *Gott* ihnen angedroht zu haben schien, was ihnen im Chaos der Gefühle so nahezuliegen schien: Sie sterben nicht. Wie sollten sie auch? Sich lieben ist Ausdruck für Leben, nicht für Tod. Aber das weiß jeder erst danach, nie schon vorher.

Unsere Entwicklungsgeschichte und die Zeit unserer ersten Liebe kommt zum Ende: Der Baum, der einst so geheimnisvoll im Garten Eden allgegenwärtig war, angst machte, der lebensbedrohlich schien und schließlich unser ganzes Wollen und Fühlen in Besitz nahm, hat sich aufgelöst. Weder von ihm noch vom Baum des Lebens ist im weiteren Verlauf der Erzählung die Rede. C'est la vie.

Warum hast du das getan?
1. Mose 3, 8 - 13

Erst einmal volljährig geworden, fängt jeder klein an. Noch läßt er sich einschüchtern. Die Welt des Kindes, aus der sie kamen und die neue Welt der Erwachsenen lösen sich nicht übergangslos ab:

8 Und sie hörten Gott den Herrn, wie er im Garten ging, als
der Tag kühl geworden war. Und Adam versteckte sich mit
seinem Weibe vor dem Angesicht Gottes des Herrn unter den
Bäumen im Garten. 9 Und Gott der Herr rief Adam und
sprach zu ihm: Wo bist du? 10 Und er sprach: Ich hörte dich
im Garten und fürchtete mich; denn ich bin nackt, darum
versteckte ich mich. 11 Und er sprach: Wer hat dir gesagt, daß
du nackt bist? Hast du nicht gegessen von dem Baum, von
dem ich dir gebot, du solltest nicht davon essen? 12 Da sprach
Adam: Das Weib, das du mir zugesellt hast, gab mir von dem
Baum, und ich aß. 13 Da sprach Gott der Herr zu dem Wei-
be: Warum hast du das getan? Das Weib sprach: Die Schlan-
ge betrog mich, so daß ich aß.

Versteckspiel

Abgekühlt von der Glut des Erlebten findet unser Pärchen wieder ein bißchen zu sich selbst. Aber die Aufregungen dieser wundervollen und doch auch schwierigen Lebensphase sind noch keineswegs am Ende. Erinnern Sie sich? Auch wir wurden »damals« vom Alltag wieder eingeholt. Es fiel nicht ganz leicht.

So aufregend wie die eine Entwicklung ihren Höhepunkt und damit ihr Ende erreicht, so beginnt auch die neue: *Als der Tag kühl geworden war, hörten sie Gott den Herrn, wie er im Garten ging.* Warum sehen sie Gott nicht im Garten? Die Bäume, die Lebenschancen sieht man, eine Stimme hört man. Klar, daß sie Gott hören. Gemeint nämlich ist Gott als unsere innere Stimme. Wir haben ja gelernt in unserer Jugend! Sie haben uns gelehrt, daß es ein Gewissen gibt. Wer sich normgerecht verhält, darf ein gutes Gewissen haben, wer gegen die Norm verstößt, soll den Kopf senken. Noch sind bei den beiden die Normen gültig, mit denen sie bisher gelebt haben, welche anderen sollten es denn wohl auch sein?

Unvorbereitet, wie man ist, kommt einem das, was nun zum ersten Mal geschehen ist, wie eine große Schlechtigkeit vor. »Was werden die anderen dazu sagen?« Man glaubt, jeder sähe »es« einem an! Zugleich glücklich und ein wenig verwirrt drängen sie darauf, daß die anderen in ihren Garten schauen, aber sie haben auch große Angst davor. Übersetzen wir das, was hier steht, ruhig in unsere Sprache! »Mein Gott«, würden sie sagen, »was wird deine Mutter wohl dazu sagen?«

Nun ist auch klar, warum Mann und Frau gar nicht so glücklich zu sein scheinen über das, was sich da ereignet hat. Deshalb verstecken sich die beiden, verstecken sich vor Gott. *Und Adam versteckte sich mit seinem Weibe vor dem Angesicht Gottes des Herrn unter den Bäumen im Garten.* Natürlich verstecken sie sich nicht vor einem Gott, wie wir ihn uns vielleicht vorstellen mögen. Wie wollen sie denn wohl auch unter den Bäumen des Gartens vor Gott, der doch alles sieht, verborgen sein können? Das können sie nicht, weder im direkten religiösen Sinn der Erzählung noch im übertragenen Sinne. Gott steht auch hier für etwas anderes; wofür er steht, ahnen wir bereits, wir werden es gleich sehen.

Als ein Geschehen unseres inneren Zustands und der veränderten äußeren Lebensbedingungen setzt unsere Erzählung die Beschreibung des Menschseins fort. Es geht darum, daß das Erwachsenwerden so einfach nun auch nicht geht. Sie verkriechen sich erst einmal, weil sie völlig verunsichert sind. Ihre Seele kehrt schnell noch einmal zurück, sucht Schutz unter den Bäumen ihres Gartens Eden, will Hoffnungen und Träume der Jugend angesichts der neuen Wirklichkeit und ihren Herausforderungen bewahren. Der Versuch ist zum Scheitern verurteilt. Nicht mehr Kind, noch nicht erwachsen, wie sensibel wird das mit dem Rückzug unter die Bäume im Garten der Kindheit zum Ausdruck gebracht! Sie verstecken sich natürlich vor den anderen Erwachsenen - für sie steht hier Gott -, die mit soviel mehr Erfahrung tausend Fragen an sie haben werden. Aus sicherer Distanz wird erst einmal beobachtet, bevor man anfängt, seinen Platz in der Gesellschaft zu suchen.

Aber die Stimme des Lebens ist unerbittlich:

Die Episode von der Entwicklung des Menschen zum Erwachsenen endet für alle Bibelübersetzer und -interpreten einigermaßen peinlich. Wir lesen: *Und Gott der Herr rief Adam und sprach zu ihm: Wo bist du?* Die Menschen würden so gern noch ein wenig Zeit haben, sich immer noch einmal wieder in das Kindsein flüchten zu dürfen. Aber eine Stimme ruft zu dem Menschen unüberhörbar: »Wo bist du?« Wenn schon nicht von Gott, so werden, wie es scheint, die Forderungen der Älteren laut, wo denn nun ihr Beitrag zum Bestand der Gemeinschaft bleibe. So müßte man den Satz verstehen, wenn die Übersetzung richtig wäre. Sie ist es nicht.

Ein Schlüsselbegriff ist zu streichen

Die übliche Übersetzung der Frage, die an den Menschen, an Adam, gerichtet wird, W*o bist du?,* klingt gut und vertraut, scheint ja auch ganz gut in den Text zu passen, wenn man nicht allzu kritisch hinschaut. Das hebräische Original ist ganz anders und viel interessanter: Hier ist ein zugestandenermaßen schwer übersetzbares Wort aus dem Textverständnis erschlossen worden und nicht aus der Grammatik. Entsprechend ist der Wortlaut in unseren Bibelausgaben freie Phantasie. Schon die Übertragung des Hebräischen ins Griechische bringt diese Deutung.[36] Was hier wirklich steht, אַיֶּכָּה לוֹ *lo ajächa,* könnte vielleicht heißen: *Zu wem gehört sie?* Daran ist sicher, daß die Endung der Form auf *sie* (3.f. S.) deutet und dabeisteht *zu wem.*[37] Frei übersetzt lautet nun die Frage sehr viel banaler, sehr viel menschlicher: »Was hast du mit ihr, ist sie deine Freundin?« Das gibt nach dem, wie man bisher üblicherweise diese Erzählung als Ausdruck der Beziehung zwischen Gott und Mensch gelesen hat, auch wirklich keinen Sinn. Da schien *Adam wo bist du?* schon besser zu passen, darüber ließ sich trefflich philosophieren. Manchmal können spannende Entdeckungen auch ganz schön desillusionieren! Ganz ohne den göttlichen Nimbus ist die Frage, zu wem sie gehört, die Anfrage der Gesellschaft nach Zusammengehörigkeit dieses Mannes und dieser Frau eine logische Konsequenz aus dem, was vorausging.
Es geht also um etwas ganz anderes, als daß uns ein Gott nach unserem Standpunkt fragt. Über die Frage »Adam, wo bist du?« sind gewiß schon etliche tausend Predigten gehalten worden. Wer aber würde darüber nachdenken, ob der

Junge x eine Freundin y hat? Abgesehen von der Regenbogenpresse doch höchstens die unmittelbaren Verwandten und Nachbarn. Die allgemeingültige Wucht der Frage, »Adam, wo bist du?« hat sich in nichts aufgelöst. Unsere Erzählung bleibt ganz menschlich: Es geht um die Behauptung der neuen Partnerschaft in der eigenen Familie, im Kreise von Freunden und Nachbarn, damals natürlich in der Sippe des Stammes. »Ja, ist sie nun eigentlich seine Freundin?«, umgekehrt: »Gehört er denn nun zu ihr?« Neugierige Nachfragen als frühe Vorläufer des Ehestandsregisters, das ist gemeint.

Aber soweit sind unsere beiden ja noch gar nicht. Alles ist ihnen noch so neu! Sie fühlen sich ertappt, noch ganz und gar unsicher, eine neue Dimension des Lebens ist eingebrochen in ihre vertraute Welt; sie fühlen sich eigentlich noch wie Kinder und wissen doch, daß sie es nicht mehr sind. *Ich hörte dich im Garten und fürchtete mich; denn ich bin nackt, darum versteckte ich mich.* Der Mann ist sich noch lange nicht sicher, ob sie zu ihm gehört, und sie umgekehrt auch nicht. Sie spüren die fragenden Blicke auf der Haut, haben Angst, sich auf der Straße zu küssen, werden sich ihres Unvermögens bewußt und fürchten, den Partner an jemand anderen zu verlieren. Bis zur Verlobungsanzeige wird noch einige Zeit vergehen. Hilflos und ausgeliefert (nackt) fühlt sich der Mensch, der, gerade aus den Kinderschuhen herausgewachsen, die Spielregeln der Gesellschaft noch nicht beherrscht. »Ich fürchtete mich, fühlte mich schutzlos ausgeliefert und versteckte mich.« Kann man seinen (unseren damaligen) Zustand präziser beschreiben?

So steht unabweislich die Frage im Raum: Woher rührt seine Unsicherheit? »Du hast doch nicht etwa...?« fürchtet er den Kennerblick der Mutter und fragt sich selbst: »Was hast du getan? Hast du dich hinreißen lassen zu etwas, was du ihr nicht hättest antun sollen?« Er beruhigt sich bald: Sie wollte es ja! Ähnlich reagiert sie: »Wie konnte mir das passieren?« Sie kann es sich nicht erklären; ein Urtrieb, die Schlange, schob alle Bedenken beiseite.

In der Sprache der Religion klingt das alles viel bedeutungsvoller und getragener: *Und Gott sprach: Wer hat dir gesagt, daß du nackt bist? Hast du nicht gegessen von dem Baum, von dem ich dir gebot, du solltest nicht davon essen? Da sprach Adam: Das Weib, das du mir zugesellt hast, gab mir von dem Baum, und ich aß. Da sprach Gott der Herr zu dem Weibe: Warum hast du das getan? Das Weib sprach: Die Schlange betrog mich, so daß ich aß.* Auch der vermeintliche Ursinn des Dialogs zwischen Gott und unserem Liebespaar, wo die Schuld von einem auf den anderen geschoben wurde, löst sich also ganz menschlich auf.

Diese einfühlsame Schilderung wird leider immer als Ausdruck der Schuld dargestellt. Dem Gott wird eine unselige lebensfeindliche Rolle zugewiesen. Er macht den Menschen ein schlechtes Gewissen. Ist die Frage erlaubt, wer den Liebenden ein schlechtes Gewissen machen wollte und vielleicht immer noch will? Nein! Die Kommentare dazu, die etliche Regale füllen würden, sind wertlos, weil sie von falschen Voraussetzungen ausgehen. Sie gehen davon aus, daß Gott, eine dem Menschen gegenüberstehende fremde Instanz, das Gewissen schärft und daß hier gegen Gottes Gebot verstoßen worden sei. Beides ist Unsinn. Gott steht hier als Wendung für das Establishment, das einer neuen Beziehung in der nachfolgenden Generation naturgemäß skeptisch gegenübersteht. Unsere Darstellung meint etwas viel Ursprünglicheres: Das schlechte Gewissen ist ein Problem der beiden selbst, die die Bedeutsamkeit des Geschehens spüren, es aber erst langsam verarbeiten können.
Das Thema der Beschreibung des Menschen ist nicht die Schuld. Unsere Erzählung beschreibt das Leben des Menschen, wie es ist. Die Schuldfrage wurde ihr erst später durch die theologische Interpretation übergestülpt. Schuldig sein ist Element unseres Lebens, daran gibt es keinen Zweifel, genauso wie gütig sein, wie gerecht und ungerecht, wie glücklich und traurig sein. Hier aber ist die Frage, ob Schuld das Thema dieser Erzählung ist. Die Theologie- und Kunstgeschichte hat diese Frage eindeutig bejaht. Es war ein Irrtum. Scham und Unsicherheit in unserer Erzählung sind etwas völlig anderes als Schuld, auch wenn wir Scham- und Schuldgefühle oft miteinander verwechseln. Mir ist die ambivalente Schlange viel lebenswirklicher als der hier beschriebene Gott, der nichts anderes als die gesellschaftliche Moral repräsentiert. Dabei verkenne ich nicht, daß Gott in der Erzählung alles in allem ganz unterschiedliche Bedeutungen hat. Vorher

stand er dafür, Leben gegeben und beschützt zu haben, hier steht er für gesellschaftliche Anpassung, im Folgenden wird er als Ursprung für Leid und Tod angesehen werden.
Auch Paulus werden wir darin nicht folgen können, daß er unsere Geschichte nimmt als Prototyp der Schuld, der Sünde, wenn er dem bösen Adam den gerechten Christus gegenüberstellt.[38] Unsere Erzählung gibt seine Auslegung nicht her. Diese Gegenüberstellung greift abgesehen von allem anderen schon deshalb nicht, weil Adam, wie wir gesehen haben, natürlich keine Gestalt der Menschheitsgeschichte war, wie Paulus meint. Adam, das sind Sie, das bin ich! *Adam* heißt nichts anderes als *Mensch*, das hätte Paulus als Jude wissen müssen. Verzeihen wir ihm! Er war auch nur ein Mensch seiner Zeit.

Viel lieber als dem Paulus überlasse ich die Antwort auf die Frage: *Wer hat dir gesagt, daß du nackt bist? Hast du nicht gegessen von dem Baum, von dem ich dir gebot, du solltest nicht davon essen?* nun gern der Deutung, die meine Leser/-innen noch gut in Erinnerung haben werden. Der Vater, die Mutter oder andere Menschen in Ihrer Biographie haben jene Gesellschaft repräsentiert, für die hier Gott steht. Keck oder beschämt, selbstbewußt oder zurückhaltend werden Sie reagiert haben, als diese erfuhren, daß in Ihrem Leben ein Mann bzw. eine Frau eine Rolle zu spielen begann. Der moralisierende Unterton in der Frage unseres Textes, ob das, was Sie getan haben, richtig war, steckte in jedem, der sich für Ihr Leben interessiert. Unsere Erzählung ist weder lebensfremd noch lebensfeindlich.

Verflucht und gedemütigt
1. Mose 3, 14 - 19

14 Da sprach Gott der Herr zu der Schlange: Weil du das getan hast, seist du verflucht, verstoßen aus allem Vieh und allen Tieren auf dem Felde. Auf deinem Bauche sollst du kriechen und Erde fressen dein Leben lang. 15 Und ich will Feindschaft setzen zwischen dir und dem Weibe und zwischen deinen Nachkommen und ihren Nachkommen; der soll dir den Kopf zertreten, und du wirst ihn in die Ferse stechen.

16 Und zum Weibe sprach er: Ich will dir viel Mühsal schaf-
fen, wenn du schwanger wirst; unter Mühen sollst du Kinder
gebären. Und dein Verlangen soll nach dem Manne sein, aber
er soll dein Herr sein.
17 Und zum Manne sprach er: Weil du gehorcht hast der
Stimme deines Weibes und gegessen von dem Baum, von dem
ich dir gebot und sprach: Du sollst nicht davon essen, ver-
flucht sei der Acker um deinetwillen! Mit Mühsal sollst du
dich von ihm nähren dein Leben lang. 18 Dornen und Disteln
soll er dir tragen, und du sollst das Kraut auf dem Felde essen.
19 Im Schweiße deines Angesichts sollst du dein Brot essen, bis
du wieder zu Erde werdest, davon du genommen bist. Denn
du bist Erde und sollst zu Erde werden.

Zur Beschreibung des Menschen gehört nicht nur seine Entwicklung zu erwachsenen Frauen und Männern. »Post iucundam iuventutem, post molestam senectutem nos habebit humus«, heißt es in einem alten Studentenlied, »nach der angenehmen Jugend und nach beschwerlichem Alter wird uns die Erde wiederhaben.« Davon wird jetzt die Rede sein:
Erzürnt und beleidigt läßt unsere Erzählung Gott darauf reagieren, daß der Mensch sich genommen hat, was doch für ihn bestimmt war. Die beleidigte Gottheit, wiederum eine etwas merkwürdige Redeweise über Gott... Lassen Sie uns nicht bei dieser oberflächlichen Betrachtung stehenbleiben! Er verflucht[39] die Schlange, Frau und Mann werden den Ernst des Lebens kennenlernen. In religiöse Sprache ist verpackt, was über die Entwicklung des Kindes zum erwachsenen Menschen hinaus noch über uns zu sagen ist. In dem erschrockenen Erkennen und Wissen war es schon angelegt: Unsere Erzählung hat kein Happy End.

Der Fluch trifft die Schlange: *Da sprach Gott der Herr zu der Schlange: Weil du das getan hast, seist du verflucht, verstoßen aus allem Vieh und allen Tieren auf dem Felde. Auf deinem Bauche sollst du kriechen und Erde fressen dein Leben lang. Und ich will Feindschaft setzen zwischen dir und dem Weibe und zwischen deinen Nachkommen und ihren Nachkommen; der soll dir den Kopf zertreten, und du wirst ihn in die Ferse stechen.*

Das Unbewußte, die Triebhaftigkeit, die dunklen Tiefen unserer Seele haben einen Namen. An entscheidender Stelle war uns die Schlange als Symbol explosiver Kraft begegnet. Hier wird beschrieben, was dort vorausgesetzt war: In der Schlange sind die Kräfte des Unbewußten zur Person geworden. Sie ist uns ständige Begleiterin, gefährlich und gefürchtet. Verborgen und unheimlich schnappt sie plötzlich unerwartet zu, und wir möchten sie zertreten, möchten uns ihrer erwehren. Wir werden ein Leben lang gegen die Abgründe in uns, gegen die Schlange, zu kämpfen versuchen, gewinnen können wir den Kampf nicht. Gutes und Böses ist in jedem Menschen, ein ständiges Ringen. Unsere Religion benennt diese gegensätzlichen Kräfte mit Gott und Teufel. Wir sind beides, sowohl gut als auch böse, Gott und Teufel, denn beides ist in uns.

Die Frauen trifft das Machtwort in der Mitte ihres Frauseins: *Und zum Weibe sprach er: Ich will dir viel Mühsal schaffen, wenn du schwanger wirst; unter Mühen sollst du Kinder gebären. Und dein Verlangen soll nach dem Manne sein, aber er soll dein Herr sein.*
Gerade das, was sie teilhaben läßt an der Schöpfung, Kinder zu bekommen, neuen Menschen den Weg ins Leben zu ermöglichen, schafft ihnen Mühsal und Schmerzen, läßt sie dazu noch abhängig erscheinen und erniedrigt sie. Wie Gut und Böse liegen Freude und Leid, Glück und Schmerz ganz nahe beieinander, geradezu ineinander. War dem Adam, dem Menschen, in seinem Tiefschlaf die Frau Inbegriff aller Reinheit, Hoffnung und Lebenserwartung, jetzt fühlt sie sich trotz aller Sehnsucht nach Partnerschaft und Geborgenheit alleingelassen, untergeordnet und minderwertig. Die altorientalische Gesellschaftsform schimmert hindurch - nur die des alten Orients?

Ähnlich ergeht es dem Manne. Die ganze Welt wollte er erobern - er findet sich wieder als Fellache, der dem Acker eine spärliche Ernte abringt, oder als erfolgloser Jäger, der nicht Gazellen, sondern das ißt, was er gerade findet: *Und zum Manne sprach er: Weil du gehorcht hast der Stimme deines Weibes und gegessen von dem Baum, von dem ich dir gebot und sprach: Du sollst nicht davon essen, verflucht sei der Ak-*

ker um deinetwillen! Mit Mühsal sollst du dich von ihm nähren dein Leben lang. Dornen und Disteln soll er dir tragen, und du sollst das Kraut auf dem Felde essen. Auch er wird im Nerv seiner Vorstellung vom lebenswerten Leben getroffen. So viele Bäume, so viele Chancen, wir haben es noch im Ohr; die Wirklichkeit sieht viel bescheidener aus, damals wie heute. Die anderen, die er überrunden wollte, haben den Erfolg für sich verbucht. Auch er fühlt sich alleingelassen, untergeordnet und minderwertig, und das aus dem gleichen Grunde wie die Frau. Sein Anteil an den Kindern der Frau, *deren Stimme er gehorcht hat*, zu der er sich mit unwiderstehlicher Kraft hingezogen fühlte, liegt darin, daß er oft mühsam genug die Ernährung sicherzustellen hat. Wundert es Sie, daß er den Acker verflucht, der ihm den gewünschten Reichtum verweigert? Der Weg zur Arbeit am Montagmorgen macht uns klar, was mit dem Fluch über den Acker gemeint ist. Wären beide doch alleingeblieben! Mancher Kummer wäre an ihnen vorübergegangen. Aber die Erzählung hat ja nicht den Single im Blick, der sich jährlich eine Kreuzfahrt leisten möchte und unbedingt seinen Skiurlaub braucht. Sie ist ganz da, wo der Mensch im natürlichen Kreislauf von Werden und Vergehen, von Gezeugtwerden und Zeugen, von Geborenwerden und Gebären ist. Nichts scheint geblieben zu sein von den Träumen, die mit den Bäumen im Garten Eden verbunden waren, nichts von allen Omnipotenzvorstellungen. Der Schein trügt, der Fluch über unsere Wirklichkeit enthält ja auch Segen: Jeder, der Kinder hat oder gern Kinder hätte, weiß es...
Wer könnte unser Lebensgefühl zwischen Glück und Leid genauer beschreiben?

Vier Ströme waren ausgegangen aus dem Garten Eden, vierfach deshalb auch die fluchbeladene Realität: Um unsere irdische Existenz ging es, der Himmel blieb außen vor. Der Schluß unserer Erzählung umgreift beide, Mann und Frau: Mehr noch als von den Abgründen des Unbewußten, von Schmerzen und Erfolglosigkeit, wird unser Leben überschattet durch den Tod: *Im Schweiße deines Angesichts sollst du dein Brot essen, bis du wieder zur Erde werdest, davon du genommen bist. Denn du bist Erde und sollst zu Erde werden.*

Die ganze Welt lag dem Menschen zu Füßen, nichts davon wird bleiben. Keine Hoffnung auf ein Leben nach dem Tod läßt unser Text erkennen. Der Kreis schließt sich: Hatten wir vorher (2,7) gehört, daß wir aus Ackererde gemacht wurden, wird uns jetzt gesagt, daß wir wieder zur Erde vom Acker zurückkehren werden. *Adam* aus der *adama* hatte es geheißen, jetzt wird dem Menschen gesagt, daß er wieder zur *adama* werden wird, ein Abschluß, der zwar nicht besonders tröstlich, aber doch logisch ist. Nein, nicht einmal das wird uns bleiben, wie Sie sich erinnern. Die feierlichen Totenriten machen keinen Sinn. *Adam aphar*, so wurde der Mensch beschrieben: Sein Ende ist nicht nur die *adama*, es ist auch der *aphar*: *Staub bist du und du sollst zum Staube werden.* Das ist das endgültige und allen religiösen Träumen zum Trotz das wirkliche Ende unserer irdischen Existenz. Jeder, der an einem Leben nach dem Tode seine Zweifel hegt, darf sich auch auf die Bibel, nämlich auf diese Erzählung berufen.

Unsere Beschreibung des Menschen ist ans Ende gekommen, ein weiter Weg von der Zeugung bis zum Tod. Alle Hoffnung und alle Enttäuschung, alles Glück und alles Leid fanden wir in diesem Bericht. Habe ich übertrieben, als ich behauptete, daß wir das, was über den Menschen zu sagen ist, in allen Bibliotheken der Welt nicht besser finden können?

Das war's
Es folgt ein fataler Anhang
1. Mose 3, 20 - 24

*20 Und Adam nannte sein Weib Eva; denn sie wurde die
Mutter aller, die da leben. 21 Und Gott der Herr machte
Adam und seinem Weibe Röcke von Fellen und zog sie ihnen
an. 22 Und Gott der Herr sprach: Siehe, der Mensch ist geworden wie unsereiner und weiß, was gut und böse ist. Nun aber, daß er nur nicht ausstrecke seine Hand und breche auch
von dem Baum des Lebens und esse und lebe ewiglich! 23 Da
wies ihn Gott der Herr aus dem Garten Eden, daß er die Erde bebaute, von der er genommen war. 24 Und er trieb den
Menschen hinaus und ließ lagern vor dem Garten Eden die Cherubim mit dem flammenden, blitzenden Schwert, zu bewachen den Weg zu dem Baum des Lebens.*

Mißverständnisse

Ein zweiter Schluß beendet die Erzählung vom Menschen. Es ist deutlich zu erkennen, daß er nicht zur ursprünglichen Darstellung gehörte. Aus *adam*, der Mensch, wird Adam, ein Eigenname. Er nennt die Frau Eva, gewöhnlich mit Mutter oder Lebensspenderin übersetzt. Das klingt ja auch ganz passend, muß deshalb aber noch nicht richtig sein.[40] Mit den Namen entsteht ein erstes Menschenpaar, eine Vorstellung, die unserer bisherigen Erzählung ganz fremd war. Daß Gott den beiden Röcke aus Fellen machte, steht in doppeltem Widerspruch gegen die Schurze, die sie sich selbst anfertigten.[41] So geht es weiter. Die Aussagen haben Bezug zu der Erzählung, nehmen deren tiefe Bedeutung aber nicht auf. So wird das Wissen um Gut und Böse mißverstanden, als wären die ersten Menschen zu Göttern geworden, denen allerdings das konstitutive Element der Unsterblichkeit fehlt. Der Baum des Lebens wurde ein Baum zum Anfassen, der Garten Eden eine Art Wochenendgrundstück. Der Mensch solle die Erde bebauen, von der er genommen ist, wie es hier heißt, bedeutet genau das Gegenteil davon, daß er zur Erde werden soll, von der er genommen ist. Und schließlich: daß Gott die Menschen aus dem Garten Eden herausgetrieben habe und Engel als Wachpersonal abkommandiert, zeigt, daß der Garten Eden gar nicht verstanden wurde und hat zudem wohl auch wenig zu tun mit der Beschreibung unseres Menschseins.

Die vielen Mißverständnisse in diesem zweiten Schluß sind offenkundig. Bei unkritischen Lesern hat dieser kurze Abschnitt dafür gesorgt, daß die ganze Erzählung so gründlich mißverstanden werden konnte. Was uns in religiöse Sprache verpackt als tiefe menschliche und psychische Wahrheit entgegentrat, wurde ganz entscheidend durch diesen Nachtrag zur Sündenfallsgeschichte als Ereignis zwischen Mensch und Gott umgedeutet.

Die Verse 3,20 bis 2,4 als Nachtrag zu der Erzählung vom Menschen, setzen sich fort in 4, 1-2. Der ganze Abschnitt 3,20 bis 4,2 stellt eine nachträglich eingefügte Überleitung zur nächsten Erzählung von Kain und Abel dar. Damit verändert er auch die Betrachtungsweise der Geschichte von Kain und Abel, wie wir sehen werden, und sorgt auch dort dafür, daß die Erzählung sehr einfältig überliefert wurde.

Gäbe es diese Sätze nicht, kein Mensch würde fragen, woher denn wohl Kain und Abel ihre Frauen genommen haben könnten und ähnliches mehr. Lassen Sie uns diesen Abschnitt deshalb ganz schnell vergessen und uns statt dessen dieser anderen ebenso spannenden und ebenso mißverstandenen Erzählung zuwenden.

KAIN UND ABEL

1. Mose 4, 1 - 16

*1Und Adam erkannte sein Weib Eva, und sie ward schwan-
ger und gebar den Kain und sprach: Ich habe einen Mann
gewonnen mit Hilfe des HERRN. 2 Danach gebar sie Abel,
seinen Bruder. Und Abel wurde ein Schäfer, Kain aber wurde
ein Ackermann.*

*3 Es begab sich aber nach etlicher Zeit, daß Kain dem
HERRN Opfer brachte von den Früchten des Feldes. 4 Und
auch Abel brachte von den Erstlingen seiner Herde und von
ihrem Fett. Und der HERR sah gnädig an Abel und sein
Opfer, 5 aber Kain und sein Opfer sah er nicht gnädig an. Da
ergrimmte Kain sehr und senkte finster seinen Blick. 6 Da
sprach der HERR zu Kain: Warum ergrimmst du? Und war-
um senkst du deinen Blick? 7 Ist's nicht also? Wenn du fromm
bist, kannst du deinen Blick frei erheben. Bist du aber nicht
fromm, so lauert die Sünde vor der Tür, und nach dir hat sie
Verlangen; du aber herrsche über sie. 8 Da sprach Kain zu
seinem Bruder Abel: Laß uns aufs Feld gehen! Und es begab
sich, als sie auf dem Felde waren, erhob sich Kain wider sei-
nen Bruder Abel und schlug ihn tot.*

*9 Da sprach der HERR zu Kain: Wo ist dein Bruder Abel?
Er sprach: Ich weiß nicht; soll ich meines Bruders Hüter sein?
10 Er aber sprach: Was hast du getan? Die Stimme des Blutes
deines Bruders schreit zu mir von der Erde. 11 Und nun:
Verflucht seist du auf der Erde, die ihr Maul hat aufgetan
und deines Bruders Blut von deinen Händen empfangen. 12
Wenn du deinen Acker bebauen wirst, soll er dir hinfort sei-
nen Ertrag nicht geben. Unstet und flüchtig sollst du sein auf
Erden. 13 Kain aber sprach zu dem HERRN: Meine Strafe ist
zu schwer, als daß ich sie tragen könnte. 14 Siehe, du treibst
mich heute vom Acker, und ich muß mich vor deinem Ange-
sicht verbergen und muß unstet und flüchtig sein auf Erden.
So wird mir's gehen, daß mich totschlägt, wer mich findet. 15
Aber der HERR sprach zu ihm: Nein, sondern wer Kain tot-
schlägt, das soll siebenfältig gerächt werden. Und der HERR
machte ein Zeichen an Kain, daß ihn niemand erschlüge, der
ihn fände. 16 So ging Kain hinweg von dem Angesicht des*

HERRN und wohnte im Lande Nod, jenseits von Eden, gegen Osten.

Opfern/beten - ist Gott zu beeinflussen?

In seinem Stück »Mr. Brown steigt herab«[42] läßt Peter Howard Christus einen Satz sagen, der für mich von großer Bedeutung geworden ist: Ein schwarzer Amerikaner klettert auf einen Berg zu Christus hinauf. Er will ihn töten, denn er meint, Christus sei weiß und deshalb ungerecht. Völlig überrascht davon, daß Christus ihm als Schwarzer begegnet, fällt er vor ihm auf die Knie. Da sagt Mr. Brown (Christus), ich zitiere aus dem Gedächtnis: »Setze dich ruhig hier neben mich. Vor mir fallen täglich Millionen von Menschen auf die Knie und sagen mir, was ich tun soll. Mir wäre viel lieber, sie würden sich ruhig hinsetzen, mir zuhören und tun, was ich ihnen sagen will.« Ein klar nachvollziehbarer Widerspruch gegen die Unsitte in den Kirchen, Gott um tausend Dinge gleichzeitig zu bitten, dachte ich. Heute denke ich etwas differenzierter darüber. Jedoch, sich hinsetzen und zuhören, was Gott sagen will, das klingt erst einmal sehr überzeugend.

Aber wenn wir kritisch nachfragen, erheben sich Zweifel: Will uns denn Gott überhaupt etwas sagen? Hat er uns etwas zu sagen? Woher wollen wir denn wissen, was er uns sagen will? Sie haben sich sicher auch schon manchmal gewundert, wenn ein Prediger im Brustton der Überzeugung sagt, was Gott will oder nicht will, woher er das denn wohl so genau wisse. »In der Bibel steht doch ganz klar...«, wird er Ihnen antworten. In der Bibel steht fast immer auch das Gegenteil! Ich will zu dieser Frage zunächst nicht Stellung beziehen, statt dessen auf einen Text hören, den meines Wissens noch nie jemand mit einer solchen Frage in Verbindung gebracht hat: Die Ihnen sicher bekannte und vertraute Geschichte von den Brüdern Kain und Abel. Der Text geht weit über die Anfrage eines Peter Howard zur Religion hinaus: Wir werden sehen, daß jene Menschen, die auf Gott zu hören glauben und deshalb mehr zu wissen meinen als wir, die vor allem vorgeben, immer genau zu wissen, was Gott will, viel Unglück in die Welt gebracht haben und immer noch bringen.

Von Kindern, die es nie gab

Die Geschichte vom Brudermord - als solche ist die Geschichte von Kain und Abel ja bekannt - ist mit der voraufgegangenen Erzählung durch den Kindersegen von Adam und Eva verknüpft. *Und Adam erkannte sein Weib Eva, und sie ward schwanger und gebar den Kain und sprach: Ich habe einen Mann gewonnen mit Hilfe des HERRN.*[43] *2 Danach gebar sie Abel, seinen Bruder.*

Wie wir schon im Anhang, dem zweiten Schluß, zur Beschreibung des Menschen am Ende des 3. Kapitels gesehen haben, zeigt sich auch hier, daß die Redaktoren um die Tiefe der Erzählungen offensichtlich nicht gewußt haben.[44] Die ersten beiden Verse im 4. Kapitel gehören mit 3, 20 - 24 zusammen und stellen eine Überleitung zu der Geschichte von Kain und Abel dar. Sie werden aus der gleichen Feder wie der zweite Schluß der vorigen Erzählung stammen, denn sie schließen nahtlos daran an. Ihr Verfasser muß bemerkenswert angepaßt gewesen sein, denn er verwendet als Gottesnamen diejenigen der unterschiedlichen Erzählungen, zuerst *Jahwe Elohim* (dt. Gott der Herr) am Ende des 3. Kapitels nach der Beschreibung des Menschen, jetzt *Jahwe* (dt. der HERR) in der Einleitung zum 4. Kapitel. Er hat offensichtlich um die verschiedene Herkunft der Texte gewußt und bei dem Versuch, eine Überleitung zu finden, auf die Texte und auf die unterschiedlichen Gottesbezeichnungen in ihnen Rücksicht genommen. Das war schon deshalb nötig, weil die Geschichten kaum gleichzeitig in Gottesdiensten verwendet wurden.
Daß ein erstes Menschenpaar erfunden wurde und hier nun auch Evas Schwangerschaft und die Geburt ihrer Söhne dazwischengemogelt auftauchen, hat für manches Mißverständnis bei der Lektüre der Bibel gesorgt, geht doch dadurch der hintergründige, vielschichtige Symbolgehalt beider Erzählungen verloren. So wird nämlich der Eindruck erweckt, es würde sich um ein Geschehen ganz am Anfang der Menschheitsgeschichte handeln.[45] Vielleicht hat es der Redaktor sogar gutgemeint, wahrscheinlicher ist, daß ihm dadurch die Erzählungen für den kultischen Gebrauch besser geeignet erschienen; aber diese Art, in so bedeutende psychologische Texte einzugreifen, hat vielen Menschen die Bibel als wirk-

lichkeitsfremdes religiöses Phantasieprodukt erscheinen lassen, mich wundert das nicht. Kain und Abel sind sowenig geschichtliche Gestalten wie Adam und Eva, schon gar nicht deren Kinder.[46] Alle ebenso unsinnigen oder auch ironischen wie dennoch verständlichen Nachfragen, woher denn wohl die Frauen der ersten Menschen gekommen seien, entstanden durch diese Textbearbeitung. Lassen Sie uns also ganz schnell vergessen, daß Kain und Abel die Kinder der Eva waren!

Noch etwas anderes sollte von vornherein geklärt sein: Es geht hier nicht um einzelne Personen, die etwas Schlimmes getan oder erlitten hätten; Kain ist kein Verbrecher und Abel kein Verbrechensopfer. Wir haben auch keinerlei Beispiel für unsere heimliche Mordlust vor uns, und die Erzählung will schon gar nicht erklären, wie das Verbrechen in die Welt hineinkam. Natürlich denkt jeder, er hätte es mit einer Bluttat zu tun. Das ist verständlich, wenn man den Bericht liest. So ist er ja auch immer gelesen worden. Ich kann Ihnen versichern, das ist ein Irrtum. Wenn Sie etwas über Verbrechen lesen möchten, empfehle ich Ihnen die Geschichten über David (z.B. 2. Sam. 11) oder noch besser einen Krimi. Hier sind Sie ganz falsch! Kain und Abel stehen für unterschiedliche menschliche Lebensarten oder Verhaltensweisen in ganz anderen Zusammenhängen. Wir selbst werden uns wiederfinden in der Geschichte als angriffslustiger oder flüchtender Kain oder als ein geschlagener Abel, vielleicht auch zeitweilig als Kain und zu anderer Zeit als Abel, aber weder in der Rolle des Verbrechers noch in der des Opfers.

Den Bericht von Kain und Abel hat sich niemand aus den Fingern gesogen. Er knüpft an ein Ereignis oder vielleicht an eine alte Sage an, die den Verfassern vorlag. In dieser Vorlage dürfte eine Mitteilung enthalten gewesen sein, die in die soeben beschriebene Überleitung übernommen wurde: Abel wird eingeführt als Kleinviehzüchter, als Schaf- und Ziegenhirt, Kain dagegen als seßhafter Bauer: *Abel wurde ein Schäfer, Kain aber wurde ein Ackermann.* Die Reihenfolge, wie sie genannt werden, und ihre Namen verraten ihre Stellung zueinander: Ein Volk, *Abel* genannt, der Windhauch, dringt ein in das Land des Bauern. Es liegt nahe, zu vermuten, daß es das sicherlich kaum wie ein sanftes Lüftchen tut, eher wie ein Sturm, der Spuren hinterläßt wie ein kriegerischer Überfall auf die beschauliche Stetigkeit einer ländlichen Bevölkerung, wenn er die Gemüter so erregt hat und im Gedächtnis geblieben ist. Dagegen allerdings spricht, daß Abel wirklich Windhauch heißt im Sinne von Nichtigkeit, Leere. Ein armes Nomadenvölkchen, das die Brachflächen als kargen Lebensraum für sich zu nutzen versuchte, wird wohl eher gemeint sein. Sie hüten keine Rinderherden und Kamele, sondern nur Schafe und Ziegen.[47] Gleichgültig ob als Okkupation oder Migration, die Bauern lassen sich nicht alles gefallen von den Eindringlingen: Kain, die Lanze, wehrt sich, verteidigt seinen Besitz. Der erstgeborene Kain steht für die ursprüngliche Bevölkerung vor der Unterwanderung durch das Hirtenvolk Abel. Wir sehen: Kain und Abel sind also mehr, sind etwas anderes als nur verfeindete Geschwister, sie stehen für verschiedene Kulturen verschiedener Völker, die in sagenhaft vergangener Zeit aufeinandergetroffen sind und, wie wir gleich sehen werden, einige Zeit (das heißt wohl einige Generationen) zusammen gelebt haben. Sicher ist, daß es bei den beiden nicht um Einzelpersonen geht. Sicher ist aber auch, daß die Einleitung den Hintergrund ausmalt, nicht schon selbst Kern des Erzählten ist.

Ist Gott wirklich so ungerecht?

Dazu, worum es in unserer Erzählung geht, kommt der Text nun aber sehr schnell: 3 *Es begab sich aber nach etlicher Zeit, daß Kain dem HERRN Opfer brachte von den Früchten des Feldes.* 4 *Und auch Abel brachte von den Erstlingen seiner Herde und von ihrem Fett. Und der Herr sah gnädig an Abel und sein Opfer. Aber Kain und sein Opfer sah er nicht gnädig an.* Ohne einer Lösung auch nur andeutend vorgreifen zu wollen, stellen wir fest, daß es sich um einen Religionskonflikt handeln wird. Von Opfern ist die Rede, von der zentralen Veranstaltung, mit der sich die Religionen in der Öffentlichkeit darstellten. Am Kultus wird der Streit sichtbar werden, an der Art, wie die Gottheit verehrt wird.

Bei der Betrachtung der Textgestalt fällt ein merkwürdiger Wechsel in der Reihenfolge auf, wie über die Brüder berichtet wird:

1. Kain ist der Erstgeborene, Abel der Jüngere;
2. Abel war Schäfer, Kain war Bauer;
3. Kain bringt ein Opfer, Abel bringt auch ein Opfer;
4. Abels Opfer wird angenommen, Kains Opfer nicht.

Ob das Zufall ist? Was bedeutet es, daß im Wechsel einmal Kain, dann Abel zuerst genannt wird? Nach der Einleitung und der Disposition ist offenkundig, worauf der Text hinauswill: 1. Das Volk Kain lebt in einem Lande, in dem es sich sicher und zu sichern weiß (Kain = Lanze). Dann aber gesellt sich dazu ein anderer Stamm von zunächst unbeachteten und besitzlosen Einwanderern (Abel = Windhauch). 2. Die neuen Mitbewohner sind ein Hirtenvolk, das an Bedeutung zunimmt, die Urbevölkerung der Ackerbauern dagegen verliert an Einfluß. 3. Alte gebräuchliche religöse Sitten werden weitergeführt, die neuen Bürger bringen als eine neue Religion die Sitte der Tieropfer mit. 4. Deren neue Religion setzt sich durch, die alte wird zurückgedrängt.
Das macht religionsgeschichtlich nur Sinn, wenn dort, wo unsere Erzählung entstand, das Tieropfer in Konkurrenz zu den vorhandenen Opfersitten eingeführt wurde und sich durchgesetzt hat. So wird es gewesen sein. Daß die Einwanderer die Macht im Lande des Kain an sich gerissen haben, geht aus der Erzählung nicht hervor, wäre nach den angedeuteten Verhältnissen auch eher unwahrscheinlich. Die Erzählung läßt solche Zusammenhänge unberücksichtigt. Sie rechtfertigt und verteidigt das Opfern von Tieren gegen andere, ältere Kultformen. Ob damit indirekt die Frage der Machtnahme beantwortet ist, mag offenbleiben. Dennoch, der Einfluß der Anhänger des Abel muß unbestritten gewesen sein, wie der Fortgang der Erzählung ausweist.

Nun lösen sich Religionen nicht einfach von jetzt auf gleich oder per Dekret ab. Der alte Glaube spielt noch lange Zeit, noch über mehrere Generationen hinweg, eine große Rolle, wenn auch im Verborgenen. Reste davon erhalten sich über Jahrhunderte, manchmal über Jahrtausende. Wir kennen bei uns im christlichen Abendland das gleiche Phänomen als Auseiandersetzung zwischen Glauben und Aberglauben. In den verschiedenen Formen des Aberglaubens leben auch bei uns noch alte heidnische Religionen weiter; sie haben sich hier aus der Sicht vieler Zeitgenossen prächtig arrangiert mit dem Christentum. Die meisten Menschen unserer Zeit bildeten und bilden ihre religiösen Anschauungen aus einer Mischung von christlichem Glauben, philosophischen Versuchen und Resten alter heidnischer Vergangenheit. Viele kirchliche Amtsträger und fanatische (vor allem fundamentalistische, sog. bibeltreue) Christen nehmen daran Anstoß, teilen diese Leichfertigkeit in Glaubensdingen nicht. Man muß ihnen zugestehen, daß solche Anschauungen mit der reinen Lehre ihrer jeweiligen Religionsgemeinschaft schwer vereinbar sind.

Eine gleiche religionsgeschichtliche Schlußfolgerung ergibt sich aus folgender Beobachtung: In der Erzählung spielt *Jahwe*, der Gott, eine ungewöhnlich dubiose Rolle. Beide Männer bringen ein Opfer, Kain von seinen Ernteerträgen, Abel von seiner Herde; der Bauer von seinen Früchten, der Hirt von seinen Tieren. Man dürfte erwarten, daß Gott sich über beider Opfer freut, tut er aber nicht: *und der HERR sah gnädig an Abel und sein Opfer, 5 aber Kain und sein Opfer sah er nicht gnädig an.* Leider ist die Übersetzung auch hier oberflächlich und übersieht wichtige Details. Im Hebräischen spielen die Zeiten der Verbform eine ziemlich große Rolle. Erzählt wird üblicherweise im Imperfekt, der unvollendeten Zeitform, es hat insbesondere in Erzähltexten die Bedeutung des noch Andauernden. Ob Vergangenheit, Gegenwart oder Zukunft, muß man aus dem Zusammenhang schließen. Ähnlich ist es mit dem Perfekt, der vollendeten Zeitform. Es beschreibt eine in sich abgeschlossene Handlung. Nehmen Sie das bitte nicht als Beckmesserei. In diesem Fall hängt ein Schlüssel zum Verständnis der Erzählung buchstäblich an dem berühmten Jota,[48] das bei der Bildung der Imperfektformen dem Verb vorangestellt wird. Darin zeigt sich nämlich, daß die Sympathie Gottes (besser: der Verfasser?) deutlich auf der Seite des Abel liegt: *Jahwe* - und jetzt genau: - *schaut* (Imperfekt, deutsch: unvollendete Vergangenheit) *auf Abel und sein Opfer. Auf Kain und sein Opfer schaute* (Perfekt, deutsch: vollendete Gegenwart) *er nicht.*[49] Das Opfer des Abel, also das Tieropfer, ist das allgemein akzeptierte Opfer, wie es damals dargebracht wurde

(Imperfekt). Das Opfer des Kain nicht, nicht mehr, es gehört der Vergangenheit an (Perfekt).
Was so ungerecht erscheint von Gott, daß er des einen Opfer annimmt und des anderen nicht, klärt sich durch die scheinbar so nebensächliche Verschiebung in der Zeitform des Verbs: Das Opfer des Abel bezeichnet das orthodoxe, rechtgläubige Ritual der Opferhandlung, den Gottesdienst derer, die richtig glauben, was immer das heißen mag. Gottes Gedanken kann man nicht lesen, aber das Opfer, der Gottesdienst, wird ja als eine Art Zwiesprache zwischen Mensch und Gott verstanden. Man muß schon die richtige Sprache, nämlich die des Angeredeten, sprechen, wenn man verstanden werden will. Das gilt auch im Gottesdienst und im Gebet, wo man von Gott verstanden werden will. Abel und alle, die seine Religionsform angenommen haben, sind überzeugt, daß sie die richtige Sprache gefunden haben, daß Gott sie verstehen kann. Ein Ausgangspunkt dieser Erzählung also ist, daß Gott nur mit dem Opfer des Abel, mit dem rechten, dem vertrauten Ritual einverstanden ist, einverstanden gedacht wird. Wer nicht richtig betet, gerät in den Verdacht, zum falschen Gott zu beten. Für die Gemeinschaft der Gläubigen ist das eine Anfechtung, die an die Grundlagen, an die Substanz geht. Das war so und ist so. Das Imperfekt ist berechtigt. Die Religion hat strenge Regeln. Für die Frommen gibt es keinen Zweifel: Nur Abels Opfer, will heißen, nur ihre eigenen Lieder und Gebete können Gott gefallen, da sind sie ganz sicher.

Der Rebell

Anders als bei Abel liegt der Fall bei Kain: Sein Opfer nimmt Gott nicht an. Den wichtigsten Grund dafür kennen wir bereits. Er hängt noch dem alten Glauben an, er ist noch nicht - oder noch nicht vollkommen - bekehrt zur neuen Religion; in ihm sind noch die scheinbar überwundenen alten Glaubensinhalte lebendig. Er fühlt sich nicht wie Abel in die allgemein praktizierte (neue) Glaubensauffassung integriert. Allerdings sollten wir uns Kain nun nicht einfach als rückwärts orientiert, konservativ oder dumm vorstellen. Wenn er Elemente seiner geistigen und geistlichen Vergangenheit bewahrt, drückt er damit auch seine innere Freiheit aus. Er ist kein Mitläufer, kein Wendehals. Das Problem jeder Gemein-

de und jeder Glaubensgemeinschaft, daß ein Glaube nie alle Menschen erreichen kann, hat es immer schon gegeben. Unsere Geschichte beschreibt in der Gestalt des Kain ein Musterbeispiel dafür. So geht es in unserer Erzählung nicht so - sehr um eine historische Frage, sondern um ein Problem, das heute noch genauso gegenwärtig ist wie damals, als dieser Text seine endgültige Form fand.
Kaum beachtet und doch von großer Bedeutung ist an dieser Stelle die Verseinteilung. Wir sind gewohnt, die beiden Aussagen, daß Gott auf Abels Opfer schaut und auf Kains Opfer nicht, in einem Satz zu lesen. Die Hebräer nicht. In der Lutherbibel steht dazwischen ein Komma, in der hebräischen ein Punkt: *und der HERR sah (= sieht) gnädig an Abel und sein Opfer. 5 Und auf Kain und sein Opfer schaute er nicht...* So würde diese Textstelle aussehen, wenn auch der Interpunktion Rechnung getragen würde.[50] Ärgert Sie diese Akribie, erscheint Ihnen das alles kleinlich? Der Teufel steckt im Detail, sagt ein altes Sprichwort. Es ist nicht abwegig, Details ernst zu nehmen, wenn sie für das Folgende wichtig sind. Das ist hier der Fall. Der Punkt bedeutet: Damit, daß Gott Abels Opfer annimmt, ist ein Sinnzusammenhang abgeschlossen. Daß Gott auf Kain und sein Opfer nicht schaut, gehört dementsprechend zu einem neuen Erzählabschnitt mit neuen Schwerpunkten. Wie tief die Kluft ist zwischen den beiden Abschnitten, werden wir gleich erfahren:

Wir müssen genau hinsehen, dann erkennen wir: Bei dem Opfer des Kain wird etwas geschildert, was kaum noch mit dem Opfer des Abel verglichen werden kann. Es handelt sich hier nicht einfach nur um eine Opfervariante, in der statt des Opfertieres Feldfrüchte genommen werden. Bei dem Kain wird das Geschehen ganz in den Menschen hineinverlegt. Der opfernde Kain vollzieht nicht nur ein anderes Opfer als Abel, er meint auch einen anderen Gott, eine andere Art von Gott, er meint etwas anderes, als man gewöhnlich mit dem Begriff Gott verbindet: Die Verse erinnern ein wenig an 1. Mose 2, an den Garten Eden mit seinen Bäumen und Früchten. Früchte haben in unserer Seele und in unseren Träumen oft große Bedeutung, und das natürlich nicht nur in der Kindheit. Wenn es heißt, daß Kain von seinen Früchten opfert, stehen diese dafür, daß Kain innerlich reif ist, erwachsen, ein Mann, der mit beiden Beinen fest auf der Erde steht. Auch in sich selbst ruht er fest und sicher: »Du bist wer«, darf Kain zu sich sagen. Er gehört zu denen, an denen sich das Bodenpersonal Gottes die Zähne ausbeißt. Er steht mitten im Leben, die allgemeingültige Religion der anderen spielt für ihn eine untergeordnete Rolle. Er hält sich nicht für gottlos, glaubt aber nicht an den Gott der Kirche. Wie soll der Gott des Kultes, wie sollen die Priester / Pastoren von ihm ein Opfer annehmen können? Dazu müßte sich Kain zumindest dem Kult unterwerfen. Und das genau tut er nicht! Darum geht es.

Kain opfert einem Gott, hält sich an einen Gott, dessen Bild durch verschiedenste Einflüsse zusammengeschmolzen aus seiner eigenen inneren Mitte heraus enstanden ist. Er bekennt sich dazu, daß ihn der Gott der Rabbiner, Pfarrer und Imame nicht interessiert. Dadurch bekommt er natürlich schnell Probleme mit den anderen, die sich in ihrem religiösen Handeln durch ihn hinterfragt, hintergangen fühlen. Der Freidenker wird zum Außenseiter. Das hört sich so exklusiv an, war es vielleicht auch einmal, heute ist es das nicht mehr. Unter den Menschen, die in den Kirchen oft leider als Karteileichen, bösartiger als Taufscheinchristen, geführt werden, sind zahllose Kains, Menschen, die ihren inneren Protest gegen die etablierte Religionsform nicht in Worte fassen können oder wollen. Jeder kennt Leute, die niemals in den Gottesdiensten oder Veranstaltungen ihrer Kirche erscheinen, aber die sich mit ihrer Religionskritik brüsten, obwohl sie sich kaum Gedanken darüber zu machen scheinen, was Religion ist. Sie machen sich schon ihre Gedanken, protestieren gegen das Glaubensdiktat ihrer Kirche aber mehr aus dem Gefühl als aus der genauen Kenntnis der Glaubensgrundlagen heraus. (Im Text: *Und Kain ergrimmte sehr und senkte finster seinen Blick*, wir kommen darauf zurück).

Das ist in anderen Religionen nicht anders. Eine zunehmende innere Auswanderung der Menschen aus den Religionsgemeinschaften legt davon ein beredtes Zeugnis ab. Die Schwestern und Brüder Abel in den Sekten und sektiererischen Gruppen der Religionen wissen schon, warum sie sich so besorgt um säumige Mitglieder kümmern; sie versuchen zu verhindern, daß die Gläubigen den Weg des Kain einschlagen könnten. Das ist nicht neu: Auf die Kains unter den Menschen ist gemünzt, daß die jüdischen Priester ihren Gott *Jahwe* bei der Gesetzgebung am Sinai[51] sagen lassen, er sei ein eifersüchtiger Gott, der keine anderen Götter neben sich dulde. Viele Generationen von Menschen haben das in Luthers Kleinem Katechismus auswendig gelernt. Niemand hat ihnen gesagt, was dahinter steckt. Natürlich ist nicht Gott eifersüchtig - wer wollte eine eifersüchtige Gottheit als Gott ernst nehmen? -, sondern die Gläubigen, vor allem wohl deren Priester, fühlten sich irritiert von Andersdenkenden und suchten sie einzuschüchtern. So ist es zu verstehen, daß die Autoren dieser Bibelstelle nicht begeistert sind von Kains Opfer, von seiner inneren Einstellung, und daß ihre Sympathien eher auf der Seite Abels liegen. Deshalb heißt es, daß Gott Abel und sein Opfer annimmt, Kain und dessen Opfer aber nicht. Gott selbst, scheint mir, spielt dabei eher eine geringere Rolle.

Gott in meinem Bauch

Entsprechend gestaltet sich auch der Dialog zwischen Kain und seinem Gott, der sich folgerichtig in dem Menschen abspielt und nicht am Altar: *Wenn du gut handelst, dann kannst du es bejahen, wenn du aber nicht gut handelst, dann lauert die Sünde vor der Tür und hat nach dir Verlangen.* (Die bekannte Übersetzung *Wenn du fromm bist, kannst du deinen Blick frei erheben* ist freie Phantasie.)[52]

Gutes Tun für Gott wird hier zum gut Handeln vor sich selbst. Der heteronome Mensch braucht eine Instanz über sich (hier mit Gott bezeichnet), um zu wissen, ob das, was er tut, richtig ist; der autonome Mensch wie Kain findet in sich selbst den Maßstab: »Wenn du gut handelst, dann kannst du es auch annehmen, dazu stehen.« Aber auch er tut nicht nur Gutes. Wenn man nicht gut ist, fühlt man sich schlecht. Nein, viel genauer wird das hier geschildert. Achten Sie einmal darauf, wie plastisch und lebendig und treffend die Folgen geschildert werden: *Wenn du aber nicht gut handelst, dann lauert die Sünde vor der Tür, und hat nach dir Verlangen.* Als würde jemand da draußen, außerhalb von uns selbst stehen, uns geradezu herausreißen aus unserem Lebensraum, so wird beschrieben, wenn wir entgegen besseres Wissen ge-

gen unser Gefühl handeln. Wir verlassen dann unsere Mitte, wir sind dann nicht mehr wir selbst, tun etwas, was wir gar nicht tun wollten, sind z.B. roh und ungerecht zu Menschen, die es nicht verdient haben...
Haben Sie, liebe LeserInnen das schon einmal bei sich erlebt, was hier steht? Ich schon oft. Möchten Sie Kain sein, der Mörder? Natürlich nicht. Das verstehe ich gut. Aber Sie sind es. Sie sind erwachsen und reif wie Kain, und Sie wollen, Sie müssen auch zu sich selbst finden, zu Ihrer eigenen Mitte, zu ihrem eigenen Gott. Doch die Religion kennt eine andere Antwort auf Ihr Problem. *Du aber herrsche über sie* (die Sünde). Ich weiß, Sie wissen, man kann nicht herrschen über die Sünde. Schuldigsein ist ein Teil des Menschseins. Aber wie unsere Erzählung halten die Religionsgemeinschaften dagegen: »Wärest du bei uns geblieben, würdest du dich mit solchen Fragen nicht herumschlagen müssen. Wir regeln die Anfragen deines Gewissens mit einem Opfer!« Ob das so einfach geht?
Martin Luther hat vor 500 Jahren Alarm geschlagen, weil die Kirche durchaus nicht gegen den eigenen Vorteil die Gewissen der Menschen mit einer Ablaßzahlung zu beruhigen wußte. Ob er wirklich soviel geändert hat, wenn er sich paulinisch neutastamentlicher Theologie gemäß auf das Opfer eines anderen, des Jesus von Nazareth, berief? Anders daran ist, daß nicht die Religionsgemeinschaft dem Menschen die Gewissensnöte durch das Opfer abnimmt, sondern Gott selbst. Aber wer ist hier Gott? Mich beeindruckt die Legende, daß Luther angeblich sein Tintenfaß auf der Wartburg gegen den Teufel an die Wand geschleudert habe, sehr menschlich, aber nicht theologisch.
Wären Sie nicht wie Kain, wie ich, wären Sie ein Anhänger irgendeines religiösen Fanatikers, dann hätten Sie dies Buch längst zur Seite gelegt. Sie würden zu denen gehören, um die es jetzt geht:

Frömmigkeit ist nicht ungefährlich

Wir wissen, es gibt Menschen, die sich aufgrund ihrer Frömmigkeit einbilden, bessere, von Gott mehr geliebte Menschen zu sein als andere, auf die sie herabschauen bzw. die sie für sich gewinnen zu müssen glauben. Sie meinen, sie seien die Rechtgläubigen, die Hüter der wahren Religion. Sie tun so,

als wüßten sie genau, was Gott will. Sie sind sich sicher, daß eigentlich alle Menschen zu ihrer Glaubensgemeinschaft gehören müßten, nämlich zur Gemeinschaft derer, an denen, wie sie meinen, Gott seine besondere Freude hat, denn sie feiern die richtigen Gottesdienste und führen ein Gott wohlgefälliges Leben. Sie verstehen nicht, warum sie - ihrer Meinung nach oft ganz zu Unrecht - verfolgt und gemieden werden. Weil das aber so ist, sehen sie sich in der Märtyrerrolle, erdulden die Anfeindungen, weil sie meinen, ihr Christus, ihr Gott verlange es von den Menschen. Ihre Haltung und ihr Schicksal wird in unserer Geschichte durch Abel dargestellt. Zum Glück tragen nicht alle diese Menschen ihre fromme Gesinnung vor sich her, damit man ihnen schon auf der Straße ansehen kann, daß sie Bekehrte (welch ein Ausdruck!) sind. So läßt man im allgemeinen diese Fanatiker gewähren, lächelt gelegentlich über sie und kümmert sich nicht weiter darum. Anders ist es und sollte es sein, wenn ihre Zahl oder ihr Einfluß zunehmen.
Viele Zeitgenossen wissen nicht warum, aber sie werden gegen diese Frommen aggressiv, wie Kain in unserer Erzählung gegenüber Abel. In der Sprache unseres Textes klingt das so: *Kain ergrimmte sehr und senkte finster seinen Blick.* Lassen Sie diesen Satz einmal auf der Zunge zergehen! Welch ein Vulkan von Wut und Aggressivität! Kain senkt sein Angesicht wie ein gereizter Stier. Nein, er schämt sich nicht, blickt nicht verschämt zur Erde, wie dieser Satz immer wieder ausgelegt wird. Im Gegenteil, das schlechte Gewissen, das man ihm wegen mangelnder religiöser Aktivität einreden möchte, schlägt in Aggression um. Gemeint ist seine innere Wut auf die Selbstgerechten, die sich so sicher auf der Seite Gottes wähnen. Wie menschlich und lebensnah werden seine Gefühle und die Gefühle derer, die wie Kain sind, verstanden und wiedergegeben!

Es bleibt nicht bei der Wut. 8 *Da sprach Kain zu seinem Bruder Abel: Laß uns aufs Feld gehen! Und es begab sich, als sie auf dem Felde waren, erhob sich Kain wider seinen Bruder Abel und schlug ihn tot.* In der Wirklichkeit des Alltags, herausgelöst aus dem schützenden Raum der Gemeinschaft gleichgesinnter frommer Glaubensgenossen, abseits von Kirche und Gemeindehaus, das meint *draußen auf dem Felde*, wo Kain sich mit ihm mißt, hat Abel die schlechteren Karten. Kain schlägt Abel tot, was immer das heißen mag. Man kann auch töten, ohne zur Axt zu greifen. Diskussionen bei Familienfeiern und am Arbeitsplatz stehen mir vor Augen, in denen den Gläubigen heftig zugesetzt wird. Manchmal wissen solche Opfer gar nicht darum, wie sehr sie die Geduld der anderen auf die Probe stellen und daß diese sie in ihren Gedanken am liebsten umbringen würden. Manchmal ahnen sie es und wissen zugleich, daß die es ja nicht können, sie lächeln ihnen trotzdem gewinnend zu, überzeugt, die Wahrheit zu kennen. Mit ihren Augen betrachtet, sind alle anderen arme verirrte Schafe; folglich lassen sie sich in ihrer Überzeugung durch diese »Weltmenschen« nicht in Frage stellen.

Kain lockt seinen Bruder also hinaus und bringt ihn um. Urteilen sie selbst, liebe/r Leser/in, lege ich in den Text etwas hinein? Mir ist der Inhalt so vertraut, wenn ich an all die Eiferer denke, wie etwa die Zeugen Jehovas und die vielen anderen Wahrheitsboten, die an unsere Tür klopfen, die uns ihre Botschaft unbedingt aufdrängen wollen (die nur an unserem Geld interessierten Psychosekten bleiben unberücksichtigt). So neu scheint es nicht zu sein, daß Menschen auftreten mit dem Anspruch, sie würden das Heil der Menschheit kennen und uns daran teilhaben lassen wollen; so neu auch nicht das andere, daß wir, die Opfer dieser Missionskampagnen, die Frommen viel lieber umbringen, *totschlagen* würden, anstatt uns von ihnen bekehren zu lassen. Die willigsten Opfer der Heilsboten sind oft Menschen in persönlichen Lebenskrisen, denn ihnen fehlt das nötige Aggressionspotential; sie sind leicht zu überrumpeln, weil sie sich nicht zu wehren trauen. Daß ihnen, um es mit einem Wort des Textes zu sagen, die *Lanze* fehlt, wird leider oft schamlos ausgenutzt, zwar nicht nur von religiösen Gruppen, aber auch von ihnen.

Der Verfasser als Verfechter der bestehenden Religion ergreift Partei, läßt seinen Gott Partei ergreifen. *Wo ist dein Bruder Abel*? Kain antwortet, wie er antworten muß, selbstbewußt und ehrlich: Phhh..., was geht ihn das an? Abel, ein Windzug, ein Nichts, da lach' ich doch drüber! Das geht vorbei... Einmal mit den Fingern geschnippt, ist das Problem vom Tisch. Was hat er mit der Religion zu tun, für die Abel mit seinem Opferritual, seiner Frömmigkeit steht? *Soll ich meines Bruders Hüter sein?* Bin ich der Hirt des Hirten, der Pastor des Pastors?[53]

Gewissensbisse des einen und Empörung des anderen melden sich zu Wort: *Was hast du getan? Die Stimme des Blutes deines Bruders schreit zu mir von der Erde.* Mag sein, Kain hat Abel tatsächlich umgebracht. Die alteingesessene Bevölkerung hat sich möglicherweise gegen die Zuwanderer, das Hirtenvolk aufgelehnt und es hat Tote und Verletzte gegeben. Kann sein, daß dies den geschichtlichen Hintergrund gebildet hat. Wenn sie es getan haben, dann sicherlich ohne Erfolg, denn im weiteren Verlauf der Erzählung gibt Abel bzw. das eingewanderte Volk den Ton an.

Vielleicht bilden sich in dieser Erzählung ganz allgemein die Religionskriege ab? Seit es Religionen gibt, gibt es auch Religionskriege (wobei der Glaube oft allerdings als Vorwand für ganz andere Interessen herhalten mußte). Leider führt religiöse Erkenntnis nicht bei allen Menschen zu mehr Einsicht und Weisheit, sondern zu Rechthaberei und Intoleranz. Das wußten auch schon unsere Vorfahren: »Willst du nicht mein Bruder sein, hau ich dir den Schädel ein.«[54]

Immer schon hat die Kirche diese Geschichte als ältesten Kriminalfall der Menschheitsgeschichte verstanden. Wir sehen, das ist sie nicht. Es geht nicht um Mord als ein Verbrechen im Sinne des Strafgesetzbuches. Der Fortgang der Erzählung zeigt, daß viel tiefere Schichten in uns gemeint sind. Es geht hier um etwas viel Unmittelbareres: Kain fordert die Religion, die Priester heraus. Er läßt sich nichts erzählen von einem Gott da oben, zu dem man beten, dem man opfern muß, will nichts wissen von einem Gott, der als Autorität so oft herhalten muß für Moral- und Machtansprüche der Oberschichten. Er wendet sich statt dessen an den Gott in sich selbst, der sein und nur sein Gott ist. Es geht darum, daß der Mensch sich aus der Vorherrschaft der Religion befreit. Hätten Sie geahnt, wie nahe diese Erzählung unserer heutigen Alltagswirklichkeit ist? Hätten Sie es für möglich gehalten, daß man sich schon vor mehreren tausend Jahren mit diesen Problemen auseinandergesetzt hat? Entsprechend ist die Konsequenz damals offenbar nicht viel anders als heute: Wir schlagen die aufdringlichen Heilsboten in der Regel ja nicht tatsächlich tot, wir schlagen die Tür vor ihnen zu. Religion ist etwas sehr Intimes. Wen darf es wundern, daß wir peinlich berührt oder aggressiv reagieren, wenn jemand unsere Intimsphäre zu verletzen trachtet?

Das Kainszeichen

So wie die Rechtgläubigen, die überzeugten Teilnehmer am Opferritus des Abel es tun würden, so lassen sie Gott, ihren Gott, mit Kain verfahren: Nicht gerade der Tod dem Abtrünnigen wird als Reaktion gefordert, sondern er soll aus ihren Kreisen verschwinden! *Verflucht seist du auf der Erde... Unstet und flüchtig sollst du sein auf Erden.* Mit der Verbannung wird ein soziales Verhalten beschrieben, das wir aus allen Gruppen kennen. Wer sich nicht anpaßt, wird vertrieben, damit die Störung beseitigt wird. Das ist in Sportvereinen, unter Dauercampern und in Großfamilien nicht anders als in Religionsgemeinschaften, wie hier beschrieben. Selbst Tierrudel verhalten sich nach dem gleichen Muster.

Kain ist kein Held. Aus der Gemeinschaft ausgestoßen zu werden, macht ihm angst. Wir können diese Angst heute vielleicht gar nicht mehr so recht nachvollziehen. Der Glaubensgemeinschaft nicht mehr anzugehören, bedeutete damals mehr als heute gesellschaftlich out zu sein, einsam und auf sich selbst gestellt. Für Kain bleibt sein Weg nicht folgenlos. Ungesichert innen und außen muß er die Menschen fliehen. Verflucht werden soll der Außenseiter, wirtschaftlicher und gesellschaftlicher Erfolg ihm versagt bleiben: *Wenn du den Acker bebauen wirst, soll er dir hinfort seinen Ertrag nicht geben.*

Der Affront in unserer Erzählung bedarf keines weiteren Kommentars. In einem rassistischem, nicht religiösen Zusammenhang haben manche dies noch genau im Ohr: »Ein Deutscher kauft nicht beim Juden!« Dem Landbesitzer wird der Bodenertrag abgesprochen. In unsere Zeit übertragen, heißt das nichts anderes, als daß dem Kain das Vitamin B entzogen wird. Wer in manchen bayerischen Dörfern sonntags nicht zur Messe geht, braucht auch heute noch ein breites Kreuz, das ist gemeint. Gläubige, die soviel von Nächstenliebe zu reden wissen und sie ja auch oft beeindruckend unter Beweis stellen, können manchmal auch gnadenlos verdammen. Dennoch ist der Fluch zumindest unter Juden und Christen recht wirkungslos geblieben. Menschen wie Kain hat es immer gegeben, und sie haben, zwar ausgeschlossen aus den Gemeinden der Frommen, keineswegs immer schlecht gelebt. In einigen Psalmen kann man nachlesen, wie bitter sich die Gläubigen, die Nachfahren Abels, bei ihrem Gott darüber beschweren, daß es ihnen so viel schlechter gehe als den Gottlosen.[55]

Schwer ist meine Schuld zu tragen, klagt Kain sich an. Wir kennen besser die Übersetzung *Meine Strafe ist zu schwer.* Diese Übersetzung ist nicht nur falsch, sie verdirbt auch die Pointe, denn sie folgt allzu leichtgläubig dem vordergründigen Eindruck des Erzähltextes, wonach Kain aus seinem Land vertrieben wurde und sich in einem anderen ansiedelte.[56] Wenn hier davon geredet wird, daß Kain mit seiner Schuld nicht umgehen kann, dann ist ein psychischer Prozeß angesprochen, der in Kain liegt. Der Fluch, mit dem er verbannt wird, ist die innere Folgerichtigkeit, die Konsequenz seines eigenen Verhaltens. Es ist nicht allein der Fluch des Gottes Abels, es ist der Fluch des Gottes aus Kains Mitte.

Die Kains heute wie Kain selbst in unserer Darstellung fühlen sich in den Gemeinden der Christen als Außenseiter, unerwünscht, gemieden, abgewiesen. Wie andere auf unser Verhalten reagieren, ist das eine, welche Konsequenzen es für uns selber hat, etwas ganz anderes. Es reicht nicht, festzustellen, daß die Gemeinde der Frommen Menschen wie Kain ausschließt, es geht ebenso um ihre eigene innere Emigration aus der Kirche. Die ungezählten Kains unserer Tage treffen wir noch im Bett an, am Frühstückstisch oder auf dem Fußballplatz, wenn am Sonntagmorgen die Kirchenglocken läuten. Unsere heutigen Kains hören die Glocken wohl, aber nicht mehr deren Ruf zum Gottesdienst. Sie schließen sich aus und werden ausgeschlossen: *Siehe, du treibst mich heute vom Acker, und ich muß mich vor deinem Angesicht verbergen und muß unstet und flüchtig sein auf Erden. So wird mir's gehen, daß mich totschlägt, wer mich findet.* Er weiß, wir wissen, daß Menschen, je frommer sie sich gebärden, sich um so weniger anstecken lassen von der Güte und Barmherzigkeit des Gottes, den sie predigen. Bei uns nicht mehr, aber damals mußte ein religiöser Dissident

sehr wohl um sein Leben fürchten - wie heute noch in manchen islamischen Ländern.
Eine milde Zugabe wird zugestanden: *Der Herr machte ein Zeichen an Kain, daß ihn niemand erschlüge, der ihn fände.* Der verstoßene Kain wird geschützt - oder besser: stigmatisiert? - mit dem Kainszeichen.[57] Suchen Sie nicht nach einem äußerlichen Merkmal bei dem Zeichen an Kain! Das gibt es nicht. Das Kainszeichen beschreibt, was der Glaube den Gläubigen im Umgang mit den Abtrünnigen gebietet: »Wir sind fromm, Jesus hat uns lieb, aber du gehörst leider nicht zu uns; wir lieben dich trotzdem.« Kennen wir das nicht irgendwoher? Benennen Sie diese Haltung ruhig als Heuchelei! Sie ist es auch, meistens allerdings gar nicht böse gemeint. Der Schutz des Andersgläubigen wird nachdrücklich unterstrichen: Siebenmal soll Kain gerächt werden, wenn jemand ihm ein Leid zufügt. Die 7 ist eine heilige Zahl. Das Leben eines Menschen ist also deshalb zu schützen, weil es geheiligt ist. Wenn Bernhard von Clairvaux[58] diese Bibelstelle gelesen und verstanden hätte, wären den Kirchen manche berechtigte Schmähungen erspart geblieben; hätte Mohammed diese Passage in den Koran aufgenommen, wäre den islamischen Fundamentalisten das Handwerk gelegt worden, unzähligen Menschen unsägliches Leid erspart geblieben.

Wer etwa meint, der hier beschriebene Konflikt spielte sich im historischen Abseits ab, irrt. Er ist im Gegenteil sehr gegenwärtig, und das nicht nur dort, wo Menschen wie Kain heute ihrer Kirche den Rücken zukehren. Die Erzählung von Kain und Abel läßt uns ahnen, wie schlimm es Menschen (besonders Frauen) wie Kain in den Staaten ergeht, in denen islamischer Fundamentalismus Grundlage der Staatsraison ist. Die Geschichte des Christentums kennt ähnliche Schrekkensszenarien: Lesen Sie einmal nach, was der Reformator Johann Calvin in Genf in den Jahren nach 1541 angerichtet hat! Wir können dankbar sein, wenn wir von bibeltreuer, d.h. von fundamentalistisch christlicher Gesinnung verschont bleiben.

Ganz konsequent endet unser Text: (V. 16) *Kain ging*[59] (Imperfekt, unvollendete Zeitform! = Kain geht) *heraus aus dem Angesicht Jahwes und wohnte im Lande Nod, östlich*

von Eden, mit der Bemerkung, daß Kain in der Gemeinde Gottes nicht mehr gesehen wurde. Er wandert aus ins Land Nod, heißt es, aber damit ist, Sie wissen es schon, etwas ganz anderes als eine Auswanderung gemeint. Das hebräische Wort *Nod* ist das gleiche Wort wie *nad* in Vers 12 und bedeutet wie dort flüchtig. Das Land Nod suchen wir dementsprechend im Atlas vergeblich; es ist nicht der spätere Wohnsitz der Keniten, wie manche meinen, es ist überhaupt kein Ort, in den die Kains damals ihre Pferde, heute ihr Bankkonto mitnehmen würden; die religiöse Heimat der Zweifler ist gemeint, ein geistiges Land, das keine festen Grenzen, keine sicheren Gesetze kennt, das zu beschreiben den Bewohner ständig in Argumentationsschwierigkeiten treibt. Was gestern noch sichere Erkenntnis war, ist ihm heute suspekt und morgen überwunden. Das kennzeichnet den Fluch über den, der die oft engstirnigen Grenzen der Religion überwinden will, daß er das Glück seiner geistigen Freiheit bezahlen muß mit einem manchmal sehr einsamen und nicht selten bedrohten Außenseitertum.
Umgekehrt gilt auch: Wer in einer Gemeinde dazugehören will, muß seine Kainnatur besser draußen lassen, sonst ist er bald nicht mehr gern gesehen. Allerdings, Ausnahmen bestätigen die Regel. Es gibt so viele Kains, berühmte und ganz unbekannte; und das Land Nod hat so viele Gesichter, wie es Menschen gibt...

Tröstlich ist da ein Zusatz, der die Lage des Landes Nod beschreibt: *östlich von Eden*. Das hebr. Wort *kidmat*[60] (östlich) weist hin auf einen Zustand vor Eden, vor der Prägung des Menschen durch die jeweilige Religion. Kain und seine vielen Schwestern und Brüder sind nicht ohne Religion, kein Mensch ist ohne Religion. In unserem Kulturkreis bedeutet das: Sie leben nicht in einer nachchristlichen, wie man vermuten könnte, sondern eher in einer vorchristlichen Ära; ihnen fehlen die Worte, um Unaussprechliches auszudrücken, sie können die Formeln nicht nachsprechen, die Konfirmation, Firmung u.ä. ihnen abverlangen. Sie wenden sich ab von denen, die wortgewaltig eine tastende Symbolsprache in göttliche Wahrheit umzumünzen sich nicht scheuen; auf ihrer Suche nach Antworten fühlen sie sich enttäuscht von den

Worthülsen der Profis und wohnen lieber (?) in Nod, im Lande der Ungewißheit.

Vielschichtig ist diese Erzählung, wie sich gezeigt hat. Mehrere verschiedene Ebenen schieben sich ineinander. Was die einen betreiben, den Kain aus der Gemeinschaft der Gläubigen auszuschließen, geschieht zur gleichen Zeit bei ihm selbst, er geht. In der Sprache unseres Textes: Der Gott des Abel, die offiziell akzeptierte Religionsgemeinschaft, schließt ihn aus; aber auch sein eigener Gott, der Gott seiner inneren Mitte, läßt ihn seine Entfremdung spüren.

Psychologisch hochinteressant werden die Verhältnisse in unserer Erzählung dargestellt, als kehrten sie sich um: Abel, der Getötete, der Unterlegene bleibt, Kain, der Sieger, muß gehen. Sie meinen, das sei ja unmöglich? Schauen Sie sich um in den besonders frommen Gemeinden! Sie werden staunen, wie wahr diese Beobachtung ist. Kritische, selbstbewußte Besucher, die nicht firm sind in deren Sprache und Anschauungen, werden geschnitten. Darin liegt allerdings auch eine ausdrucksvolle ironische Kritik an unseren Kirchengemeinden: Sie werden dargestellt als Versammlung der Schwachen und Schwächsten. Ich finde, es ist mehr als überraschend, eine solche - sicherlich ungewollte - Beurteilung der Gemeinde ausgerechnet in der Bibel zu finden.

Es ist deutlich zu erkennen, daß der Rahmen einer alten Sage über Religionskonflikte die Grundlage bildete, daß er jedoch vielmehr Einblick gibt in die Konflikte der religiösen Gemeinschaften. Wir haben es mit einem überaus komplizierten und differenzierten Text zu tun, einem Text, den das Leben schreibt. Kains innere Emigration ist ebenso Folge aus dem Verhalten des Abel, der Gemeinde der Frommen, wie Ursache dafür, denn eine Gemeinde muß unter ihren Mitgliedern klare Verhältnisse schaffen. Im Neuen Testament finden wir diesen Sachverhalt wieder: *Wer nicht mit mir ist, der ist wider mich; und wer nicht mit mir sammelt, der zerstreut.* (Mt. 20, 30).

Für Kain eine Lanze brechen

Sie, liebe/r Leser/in, haben es längst herausgehört: Immer wurde uns von Kain als dem Prototyp des Mörders, des Verbrechers berichtet, von Abel als dem armen Opfer. Gott (die Gemeinde eben dieses Gottes) liebt den Abel, lesen wir; wir verstehen nun auch, warum.
Mein Herz aber schlägt für Kain.
Ist Kain doch der Mensch, der auf der Suche nach der einzigen, der wahren Religion, seiner eigenen nämlich, alle Bevormundung abschüttelt. Religion ist eine Sache in uns, ganz persönlich, ganz intim. Ich mag nicht, daß irgend jemand mir in dieser Intimität zu nahe kommt, wenn ich es nicht selbst will. Darin bin ich nicht allein, denn vielen anderen geht es nicht anders. Daran ändert auch nichts, daß Kain - wie ich - entsetzt erkennt, was er angerichtet hat. Er hat den Glauben anderer Menschen in Frage gestellt, sie womöglich sehr verunsichert, sie ihrer Hoffnung, ihres Trostes beraubt. Sein Entsetzen macht ihn mir aber auch so sympathisch. Seine Toleranz läßt es zu, daß andere Menschen anders glauben als er, solange sie ihn mit ihrem Missionseifer in Ruhe lassen.
Die heutigen Abel, die Billy Grahams und ihre Missionskolonnen, die wortgewaltigen Prediger auf den Kanzeln und in den Missionszelten, die ja wollen, daß alle Menschen in ihrem Sinne gläubig sind, gehen in der Regel nicht so sensibel mit den religiösen Gefühlen Andersdenkender um. Meine Sympathie gehört viel eher denen, die verständnislos oder sogar auch spöttisch lächelnd an den Straßenmissionaren vorbeigehen, mögen sich jene auch noch so sehr als märtyrerhafte Bekenner fühlen und sich z.B. mit ihrem »Wachtturm« Blasenentzündungen zuziehen.

DIE NOAHSAGE

1. Mose 6 - 11

Den Abschluß der Urgeschichten bilden 4 Erzählungen, die zweifellos zusammengehören, deren Zusammengehörigkeit allerdings nicht auf Anhieb erkennbar ist. Wenn wir sie lesen, werden wir die Klammer, durch die die Erzählungen zusammengehalten werden, schnell erkennen:

1. Die Sintflut

1. Mose 6,5 - 9,17

Kurz erzählt geht es in dieser Geschichte um folgendes:
Als Gott sah, daß der Menschen Bosheit groß war auf Erden, reute es ihn, daß er die Menschen gemacht hatte. Er will alles Leben um ihretwillen auf der Erde vernichten, indem er eine große Sintflut kommen läßt. Nur Noah findet Gnade vor ihm, denn er ist ein frommer Mann. Deshalb gibt ihm Gott den Auftrag, einen großen Kasten zu bauen, der Schutz bieten soll vor den Wassermassen. Von allen Tieren soll er je ein Pärchen hineinbringen. Noah gehorcht; sieben Tage hat er noch Zeit, dann kommt der Regen. Noah bringt von allen Tieren je ein Pärchen in die Arche, von den reinen Tieren jedoch für Opferzwecke je sieben. Außer den Tieren werden nur Noah, seine Söhne und Schwiegertöchter gerettet. Der Regen beginnt, er wird so gewaltig, daß das Schiff zu schwimmen anfängt, 40 Tage lang. Dann verläuft sich das Wasser langsam. Noah sendet Tauben aus. Die erste kehrt zurück, die zweite bringt ein frisches Ölblatt, und die dritte bleibt fort. Da weiß Noah, daß er trockenen Boden findet. Als erstes baut er einen Altar und opfert Brandopfer.

So etwa läßt sich die Sintflutgeschichte aus dem komplizierten, durch viele Wiederholungen gedehnten Text herauslesen.[61]

Den roten Faden suchen

Wir fahren fort in den Urgeschichten und betrachten nun eine der großen Väterfiguren des Alten Testamentes: Noah, den Helden der Sintflut. Auch diese Erzählung birgt bei genauer Betrachtung ein überaus überraschendes Geheimnis.

Die biblische Wiedergabe der Sintflutgeschichte ist ziemlich verwirrend. Viele Wiederholungen, etliche Unstimmigkeiten bezeugen, daß mehrere Versionen einer alten Sage Pate gestanden haben und daß die Redaktoren eifrig mitzumischen suchten. Abgesehen von dem Sondergut in Kapitel 9, 1 - 17, das sehr an die Rechtssetzungen im 2. und 5. Buch Mose erinnert,[62] sind mindestens zwei Quellen nachweisbar. Unsere Darstellung folgt der jahwistischen Quelle. Die andere Quelle aus der Priesterschrift ist länger, hält sich an vielen Details auf wie z.B. den Maßen der Arche und den Daten in Noahs Leben. Ihr Interesse, den Stoff auszumalen (und dabei noch mehr zu verfälschen), ist unverkennbar.[63]
Wenn Sie mögen, dann lesen Sie die Erzählung einmal nach in der Bibel! Sie werden unschwer bestätigt finden, wie sie durch viele manchmal ganz unsinnige Zusätze erweitert worden ist. Selbst der frommste Bibelleser muß bei den vielen Ungereimtheiten und Widersprüchen Zweifel bekommen, ob das, was er dort liest, wohl wirklich Gottes Wort ist. Wer an die Verbalinspiration glaubt, wer also glaubt, Gott habe die Texte diktiert, muß sich gerade bei dieser Erzählung schon einiges einfallen lassen, wenn er sich nicht sagen lassen will, daß sein Gott ein Wirrkopf ist. Auch ohne alle Verdoppelungen, Erweiterungen und Widersprüche bereitet die Erzählung einige Schwierigkeiten. Selbst in der äußerst gekürzten Fassung läßt sich auf den ersten Blick kein rechter Sinn erkennen. Wovon also berichtet diese merkwürdige Erzählung?

Hat die Sintflut gar nicht stattgefunden?

Gehen wir die Dinge im einzelnen durch:
1. Das hebräische Wort für Sintflut *(mabul)*[64] gibt es im Alten Testament nur insgesamt dreizehn Mal und ganz ausschließlich im Zusammenhang mit Noah, in der gleichen Bedeutung wie hier. Es ist also denkbar schlecht belegt. Die Übersetzung mit Sintflut ist allgemein gebräuchlich. Das

muß nicht unbedingt heißen, daß sie auch richtig ist. Es ist noch nicht einmal sicher, ob mit dem Begriff etwas Vernichtendes gemeint ist.[65] Es könnte durchaus sein, daß in der Darstellung etwas ganz anderes verpackt wurde. Das Wort *mabul*, das wir als Sintflut kennen, bedeutet im Urtext Wasser, das fließt und trägt, nicht mehr.[66]

2. Es ist schon richtig, Leben kann vernichtet werden, ganze Arten von Lebewesen können aussterben. Aber meinen Sie, daß das hier wirklich gemeint sein könnte?

Gott will angeblich alles Leben vernichten, außer den Fischen natürlich, denen mehr Bewegungsspielraum nur recht sein kann, aber warum sie nicht gleich mit? Das Problem, daß es Süß- und Salzwasser gibt, lassen wir lieber unberücksichtigt. Eine globale - zudem noch halbherzige - Vernichtung allen Lebens widerspricht doch jeder Logik und allen Gesetzen des Lebens. Alle Arten von Lebewesen sind darauf ausgerichtet, ihre Art zu erhalten. Das ist Natur- (= göttliches) Gesetz. Daß je alles Leben vernichtet worden sein soll, scheidet schlicht aus. Was mutet uns der Text zu, wenn wir das glauben sollten?

3. Daß die Vernichtung allen Lebens geschehen sein soll um der Bosheit der Menschen willen, nimmt uns Menschen, wie ich meine, wirklich ein wenig zu wichtig. Das macht doch keinen Sinn, daß Gott Papageien und Igel vernichtet, nur weil ihm seine Menschen nicht mehr ins Konzept passen! Damals hat noch niemand über den Menschen als Verbrecher an der Umwelt nachgedacht, also die Folgen unseres Handelns für die Tiere wahrgenommen.

4. Schon aus der Eigenlogik alttestamentlicher Theologie scheidet der Gedanke aus, daß Gott, dem man das Entstehen von Leben zuschrieb, ausgerechnet selbst das Zerstörungswerk beginnt. So beleidigt kann kein Gott gedacht werden. Das Alte Testament besteht nicht nur aus dem Talionsgesetz, *Auge um Auge, Zahn um Zahn...*,[67] es bietet im Gegenteil unzählige Beispiele, die Gott schildern als einen Gott, der auf die Verfehlungen der Menschen mit Nachsicht reagiert.[68]

5. Auch die Redaktoren unseres Textes werden gewußt haben, daß es außer dem Dorf Noahs noch andere Orte gab, ferne Länder, in denen Känguruhs und Orang Utans lebten. Wie hätte Noah sie, wie die Tiere ihn je erreichen sollen?

6. Weiter: Es ist unvorstellbar, daß jemand, wenn er von einer solchen Flut, wie hier beschrieben, bedroht wird, noch von allen Tieren ein Paar einsammelt. Jedes Lebewesen, auch der Mensch, wird bei solcher Bedrohung zusehen, daß er sich irgendwie selbst rettet. Da kümmert er sich nicht mehr um irgendwelche Käfer. Und hätte Noah wirklich Mücken und Ratten mit in sein Boot genommen, der Fluch der halben Menschheit wäre ihm doch sicher gewesen!
7. Dem nachdenklichen Leser wird es dazu noch merkwürdig anmuten, daß ausgerechnet Wasser die Vernichtung des Lebens verursacht haben soll, Wasser das Element des Lebens? Wasser hat sicher auch etwas Bedrohliches, steht uns manchmal bis zum Hals. Aber hier paßt das Bild nun wirklich nicht. Daß apokalyptische Bilder von dem Ende der Welt mit all seinen Schrecken Wasser als Symbol der Zerstörung benutzten, ist mir nicht bekannt, wenn ich einmal absehe von vereinzelten Stellen über das Tosen des Meeres (Lk. 21, 25)[69] Die Apokalypsen hielten sich eher an Symbole wie Feuer, Krieg u.ä.[70]
8. Noch aus einem anderen Grunde kann der Gedanke, daß die Vernichtung um der Bosheit der Menschen willen geschehen sei, keinen Bestand haben. Menschsein heißt gut und böse sein. Folglich war auch Noah nicht nur gerecht und gut. Seinen Söhnen und Schwiegertöchtern, die ja nach dem Bericht auch in der Arche überleben, wird gar nicht erst unterstellt, daß sie gerecht waren! Mögen Sie sich vorstellen, daß Gott nicht weiß, was er tut, wenn er sich nach der Katastrophe dieselbe Laus wieder in den Pelz setzt?

Nein, so wie sie hier steht, kann die Erzählung ursprünglich nicht gemeint gewesen sein. Wie dann? Weil hier so ausführlich von dem geredet wird, was Gott sagt und tut, suchen wir die Lösung gewöhnlich bei Gott. Dort finden wir sie nicht, denn Gottes Handeln so zu beschreiben, wie es hier geschieht, wir sahen es, ist absurd. Suchen wir also bei Noah!

Wer war Noah?

Der Name Noah leitet sich ab von hebr. נחה *nachah*,[71] führen, leiten. Seinem Namen kann man schon entnehmen, daß er ein Führer, vielleicht Heerführer, vielleicht König gewesen sein wird.

Damit ist klar: Noah ist kein Nobody, keine fromme Einzelperson, niemand, den man in die Ecke religiöser Aussenseiter schieben könnte, kein Sonderling, der Stimmen gehört hat und unter den spöttischen Augen seiner Nachbarn ganz gegen alle Vernunft ein Schiff in den Wüstensand baut, wie es uns die Erzählung und deren gängige kirchliche Interpretation weismachen will. Er handelt im Gegenteil sehr vernünftig und planvoll, so als wollte er einer Katastrophe zuvorkommen. Er wird einen guten Grund gehabt haben, ein großes Schiff zu bauen bzw. bauen zu lassen, auch wenn wir der *göttlichen* Ankündigung einer alles Leben vernichtenden Flut keinen Glauben schenken. Die Gefahr einer heraufkommenden Katastrophe hat sich ganz bestimmt deutlich erkennbar angekündigt, und die Reaktion darauf wird man sich reiflich überlegt haben.

Die Begründung für das Bauvorhaben liefert unsere Erzählung mit dem Hinweis: *Gott sah, daß die Bosheit der Menschen groß war auf Erden und alles Dichten und Trachten ihres Herzens nur böse* (6,5).

Das ist natürlich die Perspektive des Noah und seines Volkes. Es ist fromme Übertreibung, daß gleich die ganze Menschheit böse und deshalb verurteilt und vernichtet wird. Aus anderen Teilen der Noahsage geht hervor, daß man durchaus noch anderen Menschen begegnen wird, mit denen man sich arrangiert. Im Klartext: Daß Gott der Bosheit der Menschen überdrüssig wird, bedeutet, daß Noah und sein Volk sich bedroht fühlten. Nächstliegende Erklärung: Fremde Stämme scheinen es auf das Siedlungsgebiet seines Volkes abgesehen und keinen Zweifel an der Ernsthaftigkeit ihrer Absichten aufkommen lassen zu haben. Wenn sich Menschen bedroht fühlen, werden sie sich zu wehren versuchen, den Gegner möglichst vernichten, wenn sie können. In unserem Fall scheinen Noah und seine Berater sich eine kriegerische Auseinandersetzung jedoch nicht zugetraut zu haben. Möglicherweise sprach das Orakel des Tempels dagegen, das würde erklären, daß der Auftrag zum Bau der Arche von Gott kam. Deshalb blieb nur der andere Weg, die Flucht. Die Arche Noahs, ein Fluchtfahrzeug? Alles spricht dafür, nicht zuletzt die häufigen Hinweise darauf, daß die Zeit dränge.

Ein Volk siedelt um

Alles gibt jetzt Sinn. Es sammeln sich Menschen um Noah, der als gerecht bezeichnet wird, sich als Führer also anbietet. Das ist sicher nicht so romantisch gemeint, wie es sich anhört. Auch Willkürherrschern hat das Volk aus lauter Angst oft Gerechtigkeit bescheinigt. Es ist zudem nicht gleichgültig, ob jemand, wie in den Lutherbibeln zu lesen, fromm ist oder ob er gerecht ist, so beschreibt nämlich das hebräische *sadik*[72] den Charakter des Noah. Selbst wenn man dem Wort fromm die alte Bedeutung aus der Sprache der Landsknechte, tapfer, unterlegt, besteht ein deutlicher Unterschied. Im ersten Fall wäre Noah als frommer / tapferer Haudegen, im andern Fall als Führer eines Volkes oder Stammes zu denken, in dessen Händen neben der politischen und sakralen Führung auch die Rechtsprechung lag.

Noah erhält den Auftrag, angesichts der Schlechtigkeit der Menschen, also angesichts drohender feindlicher Invasion, einen riesengroßen seetüchtigen Kasten (den Begriff Arche gibt es im Alten Testament nicht![73]) zu bauen. Natürlich baut Noah ihn nicht allein; sein Volk, sein Stamm baut den Kasten, Noah gibt den Befehl zum Bau, überwacht das Fortschreiten der Arbeit.

Daß nur allein Noah als Erbauer genannt wird, darf uns nicht irritieren. Wir kennen diese Sprachregelung auch bei uns: Wie viele Könige, Kaiser und Heerführer haben schon Schlachten gewonnen, Städte eingenommen und Länder erobert!? Ihr Leben haben andere für sie aufs Spiel gesetzt. Noah, vor Gott gerecht genannt, ist so etwas, wie früher in Deutschland die Fürsten, ein Anführer von Gottes Gnaden. Auch er wird seinen Machtanspruch in der Religion verankert haben. Noah repräsentiert den Inhaber der politischen Macht. So werden wir uns auch unter den Söhnen des Noah kaum seine leiblichen Kinder vorzustellen haben, eher die ranghöchsten Untergebenen in Streitkräften und Verwaltung.

Der Zweck des Schiffbaus ist nicht allzu schwer zu erraten. Man will - oder man muß - auswandern. Die nachdrückliche Schilderung von der Schlechtigkeit der Menschen läßt an eine Flucht denken.

Daß Gott den Noah zu dieser Aufgabe aufgefordert habe, dürfen wir so verstehen, daß im Rat der Ältesten und der

Priester, eine entsprechende göttliche Entscheidung möglicherweise in einem Orakel herbeigeführt wurde (s.o.).
Eine Seefahrernation scheinen Noah und seine Mannen nicht gewesen zu sein. So wird uns das Schiff als ein Gefährt geschildert, das im Unterschied zu sonst bekannten Schiffen mehr als klobig gewirkt haben dürfte. Es ist durchaus nicht nur Bewunderung, die uns über die Arche überliefert wird, so ist sie uns ja immer geschildert worden; es könnte ebensogut auch spöttisch gemeint sein, wie man diesen Kasten beschreibt. Wir werden noch sehen, wo wir die Verfasser dieser Erzählungen zu suchen haben. Dann werden Sie verstehen, daß der Anblick der Arche eher Spott als Bewunderung ausgelöst haben wird.

Das große Wasser

Noah also organisiert eine Flucht übers Meer, sucht neuen Lebensraum für sein Volk, wandert aus.
Die Sintflut entpuppt sich als gar nicht besonders spektakulär. Das Erlebnis, daß das Land und schließlich auch die höchsten Berge im Wasser zu versinken scheinen, kann jeder haben, der eine Seereise unternimmt. Zu der Zeit allerdings, als dieser Bericht entstand, wird dieses Wissen nicht so verbreitet gewesen sein wie heute. Eine Seereise vor mehreren tausend Jahren gestaltete sich etwas anders als heute auf einem Kreuzfahrtschiff mit all seinem Luxus. So läßt sich das Pathos unserer Erzählung verstehen.

Kehren wir zu Noah und seinen Reisegefährten zurück! Die Auswanderer nehmen mit, was sie brauchen, vor allem Vieh, Zuchttiere natürlich (je ein Männchen und Weibchen), die ihnen vertraut sind und von denen sie meinen, daß sie ihnen in der Fremde ein Überleben sichern würden, dazu Saat und Lebensmittel. Dann gehen sie auf die Reise in unbekannte Ferne. Sie trennen sich von der Heimat. Alles menschliche Leben, alles Leben überhaupt ist dort für sie zu Ende. Es ist ein endgültiger Abschied, so als wäre hinter ihnen alles tot. Ihr bisheriges Leben versinkt buchstäblich in der großen Flut... Bewundernswert ist nicht so sehr das Ereignis, als daß ein solches Abenteuer so plastisch beschrieben wird.
Wie lange sie unterwegs sind, berichtet die Erzählung nicht. Die Zahlen 40 und 7 sind heilige Zahlen; 7 steht für irdische

und himmlische Vollkommenheit, 40 für die Zeit, die man braucht, um zu sich selbst zu finden.[74] Sie sagen nichts aus über die Dauer der Reise.
Irgendwann tauchen dann aber doch aus den Fluten die ersten Berggipfel auf. Noah und seine Leute kommen in die Nähe eines Ufers, senden vorsichtig Boten aus, landen schließlich. Die Vögel, die Noah aussendet, Tauben oder Raben, je nach Quellenschrift, sind selbstredend der Erzählung angepaßte bildhafte Umschreibungen für die Kundschafter, die ausgesandt wurden, um zu erkunden, ob man an Land gehen könnte. Man konnte. Ein Ölzweig, den einer der Vorboten mitbrachte, bewies, daß die Bewohner friedliche Absichten hatten.

Wozu man Gott braucht

Das wichtigste, was sie mitzubringen scheinen in die Fremde, ist ihre Religion. Als erstes wird ein Altar gebaut und dem Gott geopfert, heißt es. Natürlich haben die Leute Noahs auch noch andere wichtige Dinge mitgenommen, z.B. Vieh und Saatgut, wie wir gesehen haben, sicher auch Gastgeschenke. Das Opfer wird so stark betont, weil es die Identität der Ankömmlinge betrifft. Ihre Religion drückt ihre Zusammengehörigkeit aus, schweißt sie zusammen, macht sie stark in der zu erwartenden Konfrontation mit den Einheimischen. Zugleich ist sie das entscheidende Merkmal, das sie von der Urbevölkerung unterscheidet. Nicht die Hautfarbe, das wissen wir alle, trennt die Menschen wirklich, sondern ihre unterschiedliche Kultur und besonders ihre Religion. In diesem Sinne ist es bemerkenswert, wenn an so entscheidender Stelle das Opfer erwähnt wird. Darin drückt sich das Selbstbewußtsein des geflohenen Volkes aus.

Damit ist zugleich die Rolle, die Gott tatsächlich in dieser Erzählung spielt, umrissen: Gott, genauer der Stammesgott, ist das verbindende Band in der Heimat und nun erst recht in der Fremde. Die Religion garantiert die machtpolitischen und kulturellen Voraussetzungen für den Zusammenhalt des Volkes. Ihre Bedeutung in einer so ungewissen und schwierigen Mission können wir nicht hoch genug einschätzen. So ist es kein Zufall, daß ein kultisches Fest, ein Opfer, Auftakt wird zu einem neuen Anfang. Viele Menschen sagen, daß ih-

nen die Religion suspekt sei, sie sei ein Instrument der Macht. Diese Erzählung liefert ein Beispiel dafür, daß sie Recht haben; aber Religion ist mehr als nur Machtinstrument, darüber wird noch zu reden sein.
Was in unserer Geschichte über Gott berichtet wird, ist seine Funktion, die ihm als Garant der Staatsbildung zugeschrieben wird. Wir wissen, daß bei allen Völkerwanderungen und allen Eroberungen mit der Kultur auch die Religion mitgebracht wurde, und das nicht ohne Grund. Religion garantiert den Herrschenden ihre Macht und läßt die Beherrschten mit ihrer Situation einverstanden sein. Deshalb versuchten nach einer Eroberung die Besetzer regelmäßig, durch einen Religionswechsel die Machtverhältnisse in ihrem Sinne neu zu regeln. Das gelang nicht immer, manchmal nur durch äußerste Härte. Wo es nicht gelang, die neue Religion zu etablieren, wurden die Eroberer in der Regel von der Bevölkerung aufgesogen. Noah gelingt es nicht, wie wir noch sehen werden, auch daran zerbricht letztlich sein - nach der Flucht nicht anders zu erwartender - dauerhafter Erfolg.

Ein Teil der Noahsage, die Sintflutgeschichte, wie wir sie zu nennen pflegen, ist damit schon am Ende. Enttäuschend schlicht stellt sich eine der meistzitierten biblischen Erzählungen dar, finden Sie nicht auch? Der Schluß des 8. Kapitels ist der anderen Quelle, der Priesterschrift zuzuordnen. Die Verse 1 - 17 aus dem 9. Kapitel sind Sondergut. Ähnlich wie in dem Schöpfungsbericht, darauf kommen wir noch, und sehr deutlich im Anschluß an die Beschreibung des Menschen (Kap. 3) werden hier Phänomene aus der Natur wie Saat und Ernte, Jahreszeiten, Regenbogen usw. zu der Geschichte Noahs in Beziehung gesetzt und von dort her gedeutet. Sie haben mit dem Quellenmaterial wenig zu tun, sind ganz zu Unrecht so wichtig genommen worden. Auf die Verse 18 - 27 in Kapitel 9, die eine äußerst peinliche Episode im Leben Noahs zu beschreiben scheinen, werden wir allerdings noch zurückkommen. Vorher wollen wir uns einer anderen ganz besonderen Facette des Komplexes der Noahsage zuwenden.

2. Gottessöhne und Menschentöchter
1. Mose 6, 1 - 4

*1 Als aber die Menschen anfingen, sich auf der Erde zu meh-
ren, und ihnen Töchter geboren wurden, 2 da sahen die Got-
tessöhne, daß die Töchter der Menschen schön waren, und sie
nahmen sich zu Frauen, welche sie wollten. 3 Da sprach der
HERR: Mein Geist soll nicht immerdar im Menschen walten,
denn auch der Mensch ist Fleisch. Ich will ihm als Lebenszeit
geben 120 Jahre. 4 Zu der Zeit und auch später noch, als die
Gottessöhne zu den Töchtern der Menschen eingingen und sie
ihnen Kinder gebaren, wurden daraus die Riesen auf Erden.
Das sind die Helden der Vorzeit, die hochberühmten.*

Fragen über Fragen

Eine merkwürdigere Erzählung ist in der Bibel kaum zu finden. Sie zu deuten, wie sie hier steht, ist schier unmöglich. Handelt es sich hier um einen ähnlich derben Volksmythos, wie es viele gab über die Sittenlosigkeit der Götterwelt, z.B. auf dem griechischen Olymp? Wer will das ausschließen? Unsere Erzählung scheint davon zu berichten, daß es im Himmel genau so korrupt zugeht wie auf der Erde.

Natürlich gestaltet menschliche Phantasie den Himmel, wer sonst sollte sich ihn ausmalen? Warum nicht auch einmal so? Es scheint ja ganz lustig da oben zugegangen zu sein, wenn man diesen Vorstellungen Glauben schenkt. Trotzdem scheint mir, daß diese Erzählung nicht so recht passen will. Wie kann und konnte sich ein gebildeter Mensch vorstellen, daß Götter, Ausdruck der Vollkommenheit, sich so mit Menschen einlassen? Ich mag nicht darüber nachdenken, welche Phantasien die Bibelautoren wohl bewogen haben mögen, diesen Text in dieser Form in den heiligen Schriften zu belassen...

Wenn es Gottessöhne gegeben hat, dann muß es ja wohl auch Töchter der Götter gegeben haben. Waren diese ihnen nicht schön genug? War die Vorstellung von Sex im Himmel den Menschen dann doch zu derb? Die Idee von der Reinheit und Unschuld der Göttin mag solche Phantasien verboten haben, von Prüderie jedoch kann man auch bei dieser Version nicht gerade reden.

Allein, damit ist der Trivialität noch nicht Genüge getan: Jahwe scheint dem Treiben ein Ende setzen zu wollen, indem er den Sterblichen Sterblichkeit verordnet. Menschen sollen nur noch 120 Jahre leben; drei Kapitel weiter steht: Noah lebt 950! Jahre (Kap. 9, 29)[75]. Wie kann es angehen, daß denen, die sich doch offensichtlich bemüht haben, eine durchgehende Linie in die Texte zu bringen, so etwas nicht auffällt? Die Burschen aus dem Himmel scheint Gottes Einspruch im übrigen nicht besonders interessiert zu haben, sie fliegen munter weiter zu den irdischen Mädchen hinunter und lassen es keineswegs bei einem harmlosen Flirt bewenden (V. 4).
Es scheint so, daß unsere frommen Bibelredaktoren etwas von Riesen gehört haben und nicht recht wußten, wem sie die zuordnen konnten. Hier schien sich eine Lösung des Rätsels anzubieten: Wenn göttliche Wesen sich mit schönen Frauen einlassen, das wußten nicht nur die alten Griechen, entstehen Halbgötter, Riesen. Ich denke, es ist offensichtlich, daß dieser kurze Text durch seine Bearbeitung einen vollkommen veränderten und verfremdeten Inhalt bekommen hat. Dabei ist es wirklich nicht schwer, sich vorzustellen, in welchen Zusammenhang das Erzählte gehört und wovon tatsächlich die Rede ist.

In der Bibel steht dieser Abschnitt unmittelbar vor der Geschichte Noahs. Sie hat also auf dem gleichen Papyrusblatt gestanden wie diese, allerdings wohl eher auf der Rückseite, also nach dem Bericht von der großen Flut bzw. der großen Reise, denn dahin gehört sie logischerweise. Weiß der Himmel, warum die Reihenfolge geändert wurde. Vielleicht haben unsere Redaktoren gedacht, daß so schlimme Dinge in der neuen Welt nach Noah nicht mehr geschehen sein könnten, daß sie also, weil die Menschheit so schlecht gewesen sei, vor der Sintflut stattgefunden haben müßten? Sie haben nicht bedacht, daß ihrer eigenen Darstellung gemäß nach Noah sich niemand mehr daran würde erinnern können.
Die Noahsage endet nicht mit der Flucht übers Meer. Wie sollte sie auch? Denn wer hätte wohl ein Interesse daran haben sollen, die Geschichte eines Volkes festzuhalten, das durch seine Flucht aus dem Blickfeld verschwunden war? Ganz im Gegenteil wurde der Bericht von der abenteuerli-

chen Reise ja erst durch die folgenden Ereignisse interessant! Die Sage über Noah, das kann man sicher sagen, wurde erst überliefert, nachdem Noah gelandet war. Wer immer sie erzählt und aufgeschrieben haben mag, er hat Noah nicht nur als Held gefeiert, sonst wäre manche Kritik und manche Ironie nicht zu verstehen. Oder meinen Sie, ein Hofschreiber hätte beispielsweise das Fahrzeug als plumpen Kasten und nicht viel eher als starke Flotte dargestellt? So auch in unserem Abschnitt. Es wird sich zeigen, daß der Stoff nicht in den Kreisen des Noah, nicht unter seinen Anhängern entstanden ist.

Brutale Gesellen

Zurück zu den Gottessöhnen! Wenn wir diese Stelle der Noahsage zuordnen, auf den alten Papyrusblättern also wieder Ordnung schaffen, dann bekommt sie einen ganz anderen Charakter. Sie stammt aus der Zeit, als Noah mit seinen Truppen an Land gegangen war.
Begeistert werden die Menschen dort nicht über den Zuzug der Fremden gewesen sein. Das war damals nicht anders als heute: Man bleibt lieber unter sich, teilt nicht gern die Ressourcen des Landes mit wildfremden Eindringlingen. Abwehr gegen Fremde (neudeutsch: Fremdenfeindlichkeit) ist keine deutsche Erfindung. Was man den Leuten Noahs nicht freiwillig gab, holten diese sich mit Gewalt. Das uralte Spiel, daß sich Menschen wie Tiere Lebensräume erstreiten, das ja auch - unter umgekehrten Vorzeichen - Ursache für Noahs Aufbruch war, dürfen wir auch hier vermuten. Unter den Gottessöhnen haben wir uns also die neuen Herren des Landes, das Volk des Noah vorzustellen mit ihrem neuen Glauben und der Arroganz derer, die mit der neuen Macht auch die neue Wahrheit zu bringen meinen. So lassen die Verse erkennen, daß die Besiedlung vielleicht doch nicht in vollkommen idyllischem Frieden vor sich gegangen sein mag, wie es die Noahsage des vorigen Abschnitts z.B. durch die Erwähnung des Ölzweiges nahezulegen schien.
Die Eindringlinge nehmen wahr, daß sie nicht in einer Mondlandschaft gelandet waren: *Als aber die Menschen anfingen, sich auf der Erde zu mehren, und ihnen Töchter geboren wurden,* 2 *da sahen die Gottessöhne, daß die Töchter der Menschen schön waren.* In der einheimischen Bevölkerung

gab es Kinder, darunter junge Mädchen. Für sie scheint man sich besonders interessiert zu haben: *Sie nahmen sich Frauen, welche sie wollten.* Das hört sich nicht gerade friedvoll, eher brutal an, nach Vergewaltigungen, nach dem Recht, das sich Besatzungstruppen herausnehmen. Selbst wenn sie die Frauen nicht vergewaltigten, sondern sich zu Frauen nahmen, der Abschnitt läßt noch gut erkennen, daß dies durchaus nicht im Einverständnis mit der Urbevölkerung geschah. Der Erfolg bei den Frauen hat dennoch wohl großen Eindruck hinterlassen: Die Mischlingskinder, die *Riesen auf Erden, die Helden der Vorzeit, die hochberühmten*, werden die natürlichen Erben der Macht und können diese offenbar noch lange nach dem Ende der Vorherrschaft der Eindringlinge behaupten.

Bleibt noch der undurchsichtige Zwischensatz in Vers 3: *Da sprach der HERR: Mein Geist soll nicht immerdar im Menschen walten, denn auch der Mensch ist Fleisch. Ich will ihm als Lebenszeit geben 120 Jahre.*
Es ist wohl kaum zu erwarten, daß sich ein Gott zu diesen Vorfällen äußert. Wo immer in unseren Texten Gott oder der HERR gesagt wird, sollten wir genau nachfragen, was damit gemeint sein könnte. An dieser Stelle verbirgt sich hinter dem, was der HERR sprach, in verschlüsselter Form das Aufatmen der Unterdrückten nach der Besatzungszeit. Es ist die Sprache der Zeit, daß Erfolge und Niederlagen mit der Mächtigkeit der jeweiligen Stammesgötter in Zusammenhang gesehen wurden. Die ansässige Bevölkerung legt dem Gott Noahs in den Mund, was ihnen mit der Beendigung der Fremdherrschaft begegnet war. Boshaft betrachtet könnte man sagen, daß sie sich schadenfroh die Hände reiben: »Seht ihr? Euer Gott hat sich von euch zurückgezogen.« Nun wird verständlich, was gemeint ist. Bedenkt man, daß der Text erst nach der Episode mit Noah entstanden ist, zumindest seine endgültige Fassung erst lange danach erhalten hat, dann beschreibt der Satz rückblickend das Ende der Eroberungspläne des Noah und nennt als Begründung, daß dessen Gott sich zurückgezogen habe. »Gott ließ die Bäume nicht in den Himmel wachsen«, erzählten die Menschen später ihren Kindern.

Unklar bleibt, was die Zahl von 120 Jahren wohl bedeutet. Sie zielt sicher auf Noah und die Zeit seiner Herrschaft ab. In verschiedenen alten Kulturen haben regelmäßig wiederholte Opfer dazu geführt, daß man die Zeit nach den Mondphasen einteilte. Ein Jahr wäre demnach für uns ein Monat gewesen, Noahs Herrschaft hätte also 10 Jahre angedauert, das würde manches erklären. Wir wissen, daß unsere orientalischen Vorväter mit Zeitangaben eher großzügig umgegangen sind, vor allem, wenn sie die Bedeutung der Herrscher herausstreichen oder den Einfluß ihrer Gegner mindern wollten. Sicher ist aus der Zeitangabe dieses Spruches zu erfahren, daß die Verfasser Noah und seiner Herrschaft nur begrenzte Zeit einräumten, diese Zeit aber als sehr diktatorisch und als sehr lange empfunden wurde (10 x 12!). Es war eine folgenreiche Zeit, wie wir gesehen haben. In Gestalt sagenhafter Riesen hat sie die Nachwelt noch lange beschäftigt. Noahs Stamm scheint nicht vollzählig abgezogen und nicht erfolglos geblieben zu sein, denn *auch danach* setzte sich die Vermischung der Völker fort, wie der Text erzählt.

3. Noahs Fluch und Segen

1. Mose 9, 20 - 27

20 Noah aber, der Ackermann, pflanzte als erster einen
Weinberg. 21 Und da er von dem Wein trank, ward er trun-
ken und lag im Zelt aufgedeckt. 22 Als nun Ham, Kanaans
Vater, seines Vaters Blöße sah, sagte er's seinen beiden Brü-
dern draußen. 23 Da nahmen Sem und Japhet ein Kleid und
legten es auf ihrer beider Schultern und gingen rückwärts
hinzu und deckten ihres Vaters Blöße zu; und ihr Angesicht
war abgewandt, damit sie ihres Vaters Blöße nicht sähen. 24
Als nun Noah erwachte von seinem Rausch und erfuhr, was
ihm sein jüngster Sohn angetan hatte, 25 sprach er: Verflucht
sei Kanaan und sei seinen Brüdern ein Knecht aller Knechte!
26 Und sprach weiter: Gelobt sei der HERR, der Gott Sems,
und Kanaan sei sein Knecht! 27 Gott breite Japhet aus und
lasse ihn wohnen in den Zelten Sems, und Kanaan sei sein
Knecht! Hinzuzufügen: 11,1 Es hatte alle Welt (wieder) ei-
nerlei Zunge und Sprache.[76]

1. Mose 9, 20 - 27

Der gescheiterte Putsch

Eine zweite Episode schließt sich der Sintfluterzählung an, die kaum merkwürdiger als die voraufgegangene anmutet. Ein völlig betrunkener Noah in seinem Zelt und total irritierte Söhne, die der Situation nicht oder doch kaum gewachsen scheinen, ein Wutausbruch, der jedes Maß verliert, so treten uns nun Noah und seine Söhne (in biblisch theologischer Sicht) bzw. Noah und seine Gefolgschaft (in der Sicht der Sage) entgegen. Was ist gemeint?

Dieser kurze Abschnitt aus den Erzählungen der Noahsage führt uns ins Machtzentrum der Eroberer. Da geht es offenbar nicht ganz so fromm zu, wie man bei einem Mann vermuten sollte, den Gott doch nach biblischer Sicht zum Überlebensträger der Menschheit auserwählt hat. Macht korrumpiert die Menschen, sie meinen, daß ihnen alles erlaubt sei. Das war bei Noah nicht anders wie in der langen traurigen Tradition der Eroberungen in der ganzen Welt. Wir haben im vorigen Abschnitt bereits davon gehört. Aber wer Macht hat, lebt auch gefährlich. Wehe ihm, wenn er sich auf seine Vasallen nicht verlassen kann! Lassen Sie uns schauen, welche Brisanz sich hinter der Entgleisung des Noah und dem angeblichen Familiendrama verbirgt! Zuerst ist leider wieder ein Übersetzungsproblem zu lösen: Einmal mehr finden wir in unseren Bibeln eine phantasiereiche Umgehung des hebräischen Textes, wenn wir lesen: *Noah, der Landmann, pflanzte als erster einen Weinberg*. Das steht da nun ganz gewiß nicht.

In V. 20 steht, auch das ist mit Vorsicht zu genießen: *Und Noah nahm einen Landmann in Besitz (griff sich einen Bauern), und pflanzte einen Weinberg.*[77] Das, werden Sie sagen, gibt ja nun auch keinen Sinn. Aber wie wir gesehen haben, steht Noahs Name für ein Volk von Eroberern. In dieser Anekdote ist die individuelle Ausdrucksweise durchgehalten, und wir dürfen uns also vorstellen, daß mit dem Landmann ein Volk von Bauern gemeint ist. Noah und seine Männer besetzen einen Landstrich mit bäuerlicher Bevölkerung, nicht gar so ungewöhnlich für ein Volk, das auf der Suche nach neuem Lebensraum ist, wie mir scheint.

Dort lernen sie als etwas ihnen völlig Neues, deshalb auch so herausgehoben, den Weinbau kennen. Mit dem Wein kam der Luxus, mit dem Luxus dekadente Erscheinungen in der Oberschicht: *Noah trank von dem Wein* (ward trunken und lag im Zelt aufgedeckt), *betrank sich und entblößte sich im Zelt*; Noah ließ sich gehen, heißt das, er ließ es mangeln an der Würde des Herrschers. Er lag nicht etwa aufgedeckt im Zelt, wie es die deutsche Übersetzung in unseren Bibeln etwas harmlos wiedergibt, sondern er begann ein ausschweifendes Leben, so der hebräische Text,[78] und das wird mit sexuellen Perversitäten vielleicht auch zu tun gehabt haben, aber wohl eher am Rande. Noah hatte die Zügel nicht mehr in der Hand, ist gemeint, sein Ansehen als unangefochtener Herrscher begann zu bröckeln. Seine Blöße, die er freilegt, die er sich gibt, meint seine Schwäche.

Ham, einer seiner Söhne, sprich einer seiner Vasallen, Generäle oder Minister, wird Noahs Schwäche und damit seine Chance gesehen haben und spricht vom Treiben im Palast, im Königszelt. *Als nun Ham, Kanaans Vater, seines Vaters Blöße sah, sagte er es seinen beiden Brüdern draußen.* Überflüssig zu betonen, daß Ham nicht herumtratscht. Er berät sich mit anderen aus dem Führungsstab über die Lage, und das bedeutet, er sucht Anhänger für einen Putsch; allerdings ohne Erfolg, denn die anderen mächtigen Männer in der Umgebung des Noah - genannt werden Sem und Japhet - sehen die Sache anders. Sie versuchen, die Herrschaft des Noah vorerst noch zu retten. *Da nahmen Sem und Japhet ein Kleid und legten es auf ihrer beider Schultern und gingen rückwärts hinzu und deckten ihres Vaters Blöße zu; und ihr Angesicht war abgewandt, damit sie ihres Vaters Blöße nicht sähen.*

Es scheint, daß sie in betont devoter Haltung zum Führer, zum König treten. Im Klartext ausgedrückt: Sie decken die Machenschaften ihres Herrschers. Sie tun es, wie es scheint, nicht besonders gern. Wenn sie ihr Gesicht abwenden, wie es in der Geschichte dazu heißt, dann bedeutet das doch wohl nicht, daß sie Angst gehabt haben würden, einen nackten Mann zu sehen. Die Kinder waren mächtige Männer im Reich, an einiges gewöhnt. Was sie nicht sehen wollen, ist, wie verkommen und krank der Herrscher, Noah also, inzwischen geworden ist. Als schämten sie sich ihrer Aufgabe, so wird ihre Handlung dargestellt. Mitleid mit einem alten kranken Mann wird sie kaum bewogen haben, Noah zu unterstützen; eher schon, daß sie für sich selbst um Ansehen,

Reichtum und Macht fürchteten. Sie waren doch eingebunden in das System! Darin, daß sie Noah stützten, profitierten sie natürlich selbst nicht schlecht. So halten sich Mächtige an der Macht. So weit, so gut.
Aber es muß ja auffallen, daß dieser Vorgang ganz übertrieben ausführlich geschildert wird. Was bedeutet es, wenn sie ein Kleid nehmen, es auf ihre Schultern legen und dann rückwärts zu Noah gehen, um seine Blöße nicht zu sehen, um seine Schwäche zu verdecken? Vielleicht waren Sem und Japhet gar nicht so treu ergebene Vasallen? Dem Ham zu folgen, der den offenen Aufstand probte, war ihnen offenbar ein zu großes Risiko. Sie verhalten sich geschickter: Sie legen sich selbst das Kleid, das Insignium der Macht, um ihre eigenen Schultern und dulden Noah im Hintergrund. Das Bild kann deutlicher nicht sein: Die beiden Männer mit dem Purpurmantel bekleidet wenden Noah den Rücken zu und damit dem Volk das Antlitz! Noah wird nicht abgesetzt, aber er wird entmachtet, das ist gemeint. Wenn sie also Noahs Treiben zu vertuschen, zu bemänteln bemüht waren, dann nur im höchsteigenen Interesse. Mit dem Purpur greifen sie selbst nach der Macht.

Als Noah aufwacht, als ihm deutlich wird, was hier vor sich gegangen ist, greift er mit eisernem Besen durch: *Als nun Noah erwachte von seinem Rausch und erfuhr, was ihm sein jüngster Sohn angetan hatte, sprach er: Verflucht sei Kanaan und sei seinen Brüdern ein Knecht aller Knechte!* In Wahrheit ist er nur noch eine Marionette. Gegen die, die ihn wirklich entmachtet haben, Sem und Japhet, wehrt er sich nicht, kann es wohl auch schon nicht mehr. Sein Fluch trifft aber auch nicht Ham sondern dessen Sohn Kanaan. Im Duktus der biblischen Version unserer Erzählung klingt das sehr merkwürdig, ganz unverständlich. Wieso wird der Sohn für den Vater bestraft? Diese mehr als sonderbare Verhaltensweise wird sofort verständlich, wenn wir den politischen Hintergrund im Auge behalten: Noahs Verhalten wird ganz schlicht damit zusammenhängen, daß er den Rebellen Ham hinrichten läßt; die Herrscher dieser Zeit dürften nicht sehr zimperlich mit ihren Gegnern umgegangen sein; so auch nicht Noah unter dem Diktat der neuen Machthaber, die ihren stärksten Konkurrenten um die Macht ausschalten muß-

ten. Es ist wohl selbstverständlich, daß die Nachkommen des Aufrührers nicht ungeschoren bleiben: Sie sind für alle Zeit von der Teilhabe an der Macht ausgeschlossen.
Exemplarisch für alle Nachkommen Hams wird der Sohn Kanaan aus der adligen Oberschicht ausgestoßen. Sein Sturz ist tief, ein Sklave aller Sklaven soll er werden. Wir sollten das nicht zu wörtlich nehmen, der Fluch muß zumindest teilweise seine Wirkung verfehlt haben, denn ganz so schlimm scheint es dem Kanaan nicht gegangen zu sein. Immerhin breitet sich ein Volk seines Namens im Raum Palästinas aus. Vielleicht ist gerade deshalb Kanaan hier erwähnt, denn unter den Söhnen des Ham ist er es, mit dessen Nachkommen die Israeliten zu tun bekommen, als sie sich im gelobten Land, im Lande Kanaan,[79] niederlassen. Ob Kanaan nun wirklich Sohn des Ham gewesen ist oder nur einer, der mit der Rebellion sympathisierte, müssen wir nicht klären. Seine Bedeutung im Zusammenhang mit dem Putschversuch - gleichgültig ob als Sohn oder als Parteigänger - kann so groß nicht gewesen sein. Das läßt sich daran ablesen, daß er dem Richtschwert entkam.
Sem und Japhet sind in den Fluch nicht einbezogen, das zeigt, daß Noah nun nicht mehr imstande ist, ihren Einfluß zu brechen, sie sitzen fest im Sattel. Dieser Sachverhalt klingt in biblischer Sprache sehr viel vornehmer: Neben den Fluch stellt Noah einen Segen: (V. 26 / 27) *Und (Noah) sprach weiter: Gelobt sei der HERR, der Gott Sems, und Kanaan sei sein Knecht! Gott breite Japhet aus und lasse ihn wohnen in den Zelten Sems, und Kanaan sei sein Knecht!*
Sie ahnen ganz richtig, wir sind hier nicht in der Kirche. Der Segen gibt Einblick in die veränderten politischen Verhältnisse. Es handelt sich dabei um eine Art Testament des aus der Macht ausscheidenden Noah. Wer will wissen, wie freiwillig er den Thron geräumt hat? Unsere Erzählung läßt bis heute einiges davon erkennen, daß Noah nicht aus Altersgründen zurückgetreten ist. Deutlich erkennbar ist hingegen in der protokollarischen Abfassung des Segens die Handschrift Sems, der die neue Machtkonstellation sehr genau einzuschätzen und zu formulieren gewußt haben wird. Das zeigt sich besonders an dem darin enthaltenen Koalitionsangebot an Japhet! Sem und Japhet haben auf das richtige Pferd gesetzt. Sem wird Nachfolger des Noah, gestützt

durch Japhet. Der historisch interessierte Leser wird wissen, daß es die Semiten waren, die sich gegen die Hammiten und Japhetiten im östlichen Mittelmeerraum, Babylonien und Nordafrika durchgesetzt haben.[80]
In scheinbar ganz anderem Zusammenhang, nämlich als Beginn der Turmbauerzählung, wird der ursprüngliche Schlußsatz dieser Erzählung, *und es hatte alle Welt (wieder) einerlei Mund und Sprache*, überliefert. Darauf wird gleich einzugehen sein.

4. Der Turmbau zu Babel
1. Mose 11, 1 - 9

Es hatte aber alle Welt einerlei Zunge und Sprache. 2 Als sie nun nach Osten zogen, fanden sie eine Ebene im Lande Sinear und wohnten daselbst. 3 Und sie sprachen untereinander: Wohlauf, laßt uns Ziegel streichen und brennen! - und nahmen Ziegel als Stein und Erdharz als Mörtel 4 und sprachen: Wohlauf, laßt uns eine Stadt und einen Turm bauen, dessen Spitze bis an den Himmel reiche, damit wir uns einen Namen machen; denn wir werden sonst zerstreut in alle Länder. 5 Da fuhr der HERR hernieder, daß er sähe die Stadt und den Turm, die die Menschenkinder bauten. 6 Und der HERR sprach: siehe, es ist einerlei Volk und einerlei Sprache unter ihnen allen, und dies ist der Anfang ihres Tuns; nun wird ihnen nichts mehr verwehrt werden können von allem, was sie sich vorgenommen haben zu tun. 7 Wohlauf, laßt uns herniederfahren und dort ihre Sprache verwirren, daß keiner des andern Sprache verstehe! 8 So verstreute sie der HERR von dort in alle Länder, daß sie aufhören mußten, die Stadt zu bauen. 9 Daher heißt ihre Stadt Babel, weil der HERR daselbst verwirrt hat aller Länder Sprache und sie von dort verstreut hat in alle Länder.

Ein Schritt zurück

Mit einer Übertreibung beginnt die Turmbauerzählung. *Es hatte aber alle Welt einerlei Zunge und Sprache.* Wie soll man das verstehen, zumal in allen Bibelausgaben unmittelbar vorher in der Völkertafel berichtet wird, wie aus einem Stamm viele wurden?[81] Wir haben ja gerade gesehen, daß es ein Machtgerangel um Noah herum gegeben hat. Das hatte am Ende die Ausbreitung vieler Völkerschaften zur Folge, wie uns die Bibel ausführlich berichtet.[82] Viele Völker, viele Sprachen. Und nun haben sie wieder alle eine einheitliche Sprache? Das kann doch nicht sein - und ist auch nicht gemeint: Die Verfasser haben in unserer Erzählung eine Erklärung dafür gesehen, wie es gekommen sein mag, daß Menschen so unterschiedliche Sprachen sprechen. Deshalb haben sie ihr diesen Platz zugewiesen nach (dem ersten Teil) der Völkertafel. Etwas konstruiert, wie ich finde. Es wird sich überdies zeigen, daß die Turmbaugeschichte zum Sprachenproblem gar keine Erklärung liefert, von Sprachverwirrung ganz zu schweigen. Da muß jemand etwas falsch verstanden haben, und dieser Jemand muß einflußreich genug gewesen sein, daß ihm alle folgten. Die Umstellung machte mithin auch keinen Sinn. Schuld daran ist dieser erste Satz. Er gehört hier gar nicht hin!

Alle Welt mit einer Sprache bedeutet hier das gleiche wie in der Sintfluterzählung, daß alle Menschen so schlecht waren. Die Blickrichtung ist hier wie dort die gleiche, nämlich die des einen betroffenen Volkes. Sehr störend für den Bibelleser und mißverständlich, wenn auch nicht falsch, ist die gewohnte Übersetzung. Statt *einerlei Zunge und Sprache* muß es heißen: *alle Welt hatte einen einzigen Mund und eine Sprache.*
Der trotzdem undurchsichtige Satz von der einen Sprache in der ganzen Welt wird verständlich und logisch, wenn wir den unmittelbaren Zusammenhang zum vorigen Abschnitt mit dem Putsch des Ham im Auge behalten. Der Satz von der einen Sprache in aller Welt würde uns dann mitteilen wollen, daß nach der Regierungskrise im Lager Noahs das Volk wieder mit einem Mund in einer Sprache redet. Die Krise ist überwunden. Aus 9, 26 und 27 haben wir herauslesen können, daß Sem die Nachfolge des Noah angetreten hat, verbündet mit Japhet. Der eine Mund ist, wie wir dort gesehen haben, nach Noah nun der Mund des Sem, will heißen, Sem hat die Zügel nun in der Hand. In unser Denken übertragen, beschließt der Satz die Episode um Ham, die mit der Absetzung Noahs und der Inthronisation des Sem endete, mit einer Presseerklärung, daß der Putschversuch niederge-

schlagen sei und nun ein neuer Führer als Stimme des Volkes zur Verfügung stehe. Deutlich ist er deshalb dem vorhergehenden Abschnitt zuzuorden, gehört also hinter den Vers 1. Mose 9, 27. Er hat mit der Turmbauerzählung nichts zu tun.
Dafür spricht auch, daß die folgende Mitteilung von dem Zug des Volkes nach Osten, einen neuen Einstieg in eine neue Erzählung darstellt. Sie läßt Vergangenes als abgeschlossen zurück. Sie ist Überleitung und zugleich Einleitung eines neuen Kapitels in der Noahsage.

Am Ziel

Als sie nun nach Osten zogen, fanden sie eine Ebene im Lande Sinear und wohnten daselbst. Wie alle anderen Erzählungen hat auch diese natürlich eine Herkunft. Sie wird sogar angegeben: Das Land Sinear, eine Gegend um Babylon herum. Als von Noah berichtet wurde, daß er sich einen Landstrich mit bäuerlicher Bevölkerung unterwarf (Kap. 9, 20), kann es sich nicht um die gleiche Mitteilung handeln wie hier die Angabe, daß sie sich im Lande Sinear niederließen. Zwischen beiden Gegenden lag der Treck nach Osten. Wir sehen, daß die einstmaligen Flüchtlinge und Eroberer Mühe hatten, einen geeigneten Siedlungsraum zu finden.
Noah (und sein Volk) war nicht so mächtig wie man später meinte, und wie wir im allgemeinen immer noch denken. Ein kleines Völkchen, irgendwoher mit einem schwimmenden Kasten übers Meer geflohen, landet irgendwo im heutigen Palästina. Sie unternehmen mindestens einen Versuch, sich anzusiedeln, scheitern, weil sie sich wie die Herren im Lande aufspielen und weil sich in der Umgebung des Herrschers Korruption breitmacht. Ein Putsch endet damit, daß Noah seine Machtposition verliert und Sem an seine Stelle tritt, daß sie außerdem mit Kanaan einen Teil ihrer Leute zurücklassen und sich dann nach Osten durch die Wüste bis an den Euphrat auf den Weg machen. So stellt sich die Noahsage bis hierher dar. Kein Anlaß ist zu erkennen, daß diesem Völkchen ein Heldenepos gewidmet sein sollte. Man darf gespannt sein, ob sie nun wohl in der neuen Heimat Sinear mehr Glück und Erfolg haben.

Ich nehme die Antwort vorweg: Sie haben kein Glück! Nicht Erfolg und heldenhafte Tapferkeit sind der Grund dafür, daß uns bis heute von Noah erzählt wird, auch nicht das Gegenteil, daß Gott den Menschen etwa immer noch böse sei. Trotzdem ist es eine Erzählung, die die Gemüter der Menschen stark bewegt hat. Wenn wir sorgfältig weiterlesen, werden wir wissen, warum. Das Geheimnis wird sich lüften lassen.

Revolution

Nach der Einleitung (sie wohnten in Sinear) beginnt unsere Erzählung in unserer Lutherbibel mit einem Satz, der mit dem hebräischen Wortlaut fast nichts zu tun hat: *Und sie sprachen untereinander: Wohlauf, laßt uns Ziegel streichen und brenen! - und nahmen Ziegel als Stein und Erdharz als Mörtel,* lesen wir. Diese Inhaltswiedergabe findet sich nicht erst in der Lutherbibel. Auch schon das Altertum hat diesen hebräischen Satz mit einem zugegebenermaßen schwer verständlichem Inhalt von der folgenden Erzählung her zu deuten versucht und mißverstanden, so nachzulesen in der Septuaginta und in der Vulgata.[83] Trotzdem ist diese Übersetzung freie Phantasie, unterschlägt zudem das Wichtigste. Von unglaublich turbulenten Vorgängen ist hier in Wahrheit die Rede, in unseren Bibeln und in unserer Theologie gar nicht mehr zu erkennen.

Ganz anders nämlich als in diesen Übersetzungen beginnt in der Lesart des Urtextes der Plan, eine Stadt zu bauen, damit, daß sie mit ihrer Vergangenheit abrechnen und sich auf ein großes Wagnis einlassen. Genau dort, wo wir von Backsteinproduktion lesen, steht tatsächlich: *Sie sprachen, ein Mann zu seinem Freund, wohlan, laßt uns rein werden für die Nachkommen; und verbrennt zu Verbranntem! Und die Reinheit wurde zu Stein und das Gären in ihnen zum Ton.*

Die Wortspiele hier sind eines Blickes wert. Versuchen Sie einmal die *kursiv* gedruckten Worte halblaut nachzusprechen, dann hören Sie die Wortspielerei:

Habah! *nilb'nah l'beniem* = Wir wollen uns weiß machen lassen für die Kinder.
nisr'pha lisrepha = Laßt uns brennen zu Verbranntem!

wa t'hi lahäm ha *l'benah l'abän* = Ihr Reinsein wurde ihnen zu Stein.
w' *hachemar* haja lahäm *lachomär* = Und ihr Gären wurde ihnen zu Ton.[84]

Das, wovon hier die Rede ist, nennen wir Vergangenheitsbewältigung. Reinen Tisch wollen sie machen mit dem blutigen und schmutzigen Weg, den sie hinter sich gebracht haben. Die Beispiele, die wir gesehen haben, Vergewaltigungen und Ausschweifungen, sind sicher nicht ohne entsprechenden Hintergrund überliefert worden; auch der Machtwechsel wird seine Spuren hinterlassen haben. Jetzt, wo sie meinen, ans Ziel gekommen zu sein, beginnen sie, sich mit ihrer Vergangenheit auseinanderzusetzen: *Sie sprachen, ein Mann zu seinem Freund, wohlan, laßt uns rein werden für die Nachkommen!*
Das ganze Volk scheint ergriffen zu sein von der Idee, sich den Kindern gegenüber von der eigenen Vergangenheit loszusagen. Sie legen sich, wenn wir uns ganz nahe an das Hebräische anlehnen wollen, eine weiße Weste zu.
Die Formulierung, ein Mann sprach zu seinem Freund, will sagen, daß jetzt nicht wie sonst vorher allein die Führungsclique gemeint ist. Hier spricht das Volk. Das wird seinen Grund haben, und der ist leicht zu finden: Noah selbst wird in dieser Erzählung nicht mehr erwähnt, seine Ära ist zu Ende. Trotzdem ist die Turmbaugeschichte dem Komplex der Noahsage zuzuordnen.[85] Aber auch Sem, der Nachfolger, wird nicht genannt, und das läßt aufhorchen! Nicht die politische Führung sondern das Volk führt in diesem Stück Regie. Das ist ganz ungewöhnlich in so alten Texten und sicher nicht ohne Bedeutung.
Geht die Turmbaugeschichte darauf zurück, daß das Volk gegen den Willen seiner Führung nach langer Wanderschaft endlich seßhaft werden wollte? Ich halte es für außerordentlich bemerkenswert, daß das geplante Vorhaben nicht von Noah oder entsprechend von Sem in Gang gesetzt wird, sondern daß es als Initiative aus dem Volk geschildert wird. Das Volk lehnt sich gegen seine neue politische Führung auf, nutzt möglicherweise die Gunst der Stunde des Machtwechsels, das ist gemeint.[86]

Die Erzählung vom Turmbau beginnt also damit, daß das Volk des Noah, wie wir es auch weiterhin nennen wollen, nach der Ankunft in der neuen Heimat von einer Revolution erschüttert wird. *Laßt uns rein werden für unsere Kinder* kann einen hohen ethischen Anspruch meinen; es kann aber auch schlicht bedeuten, daß man an den vielen Verirrungen und Verbrechen der Vergangenheit nicht beteiligt gewesen sein wollte. (Wir kennen das aus den politischen Umbrüchen 1945 und 1989 in Deutschland). Gemeint ist offensichtlich, daß das Volk bzw. ein Volksteil seiner Führung die Gefolgschaft versagt. Daß dieser Satz wirklich so und nicht anders verstanden werden muß, ergibt sich, wenn man den folgenden Halbsatz hinzunimmt: *Laßt uns rein werden für unsere Nachkommen und verbrennt zu Verbranntem!*
Deutlich kann man die Schreie der Revolution aus diesen Worten heraushören mit ihren Parolen nach Neuanfang und Vernichtung des Alten. Die Menschen wollen, wie alle Revolutionäre, die Symbole der Unterdrückung, vor allem anderen das Fürstenzelt, brennen sehen. Gewiß, auch die Deutungen, daß sie nach Seßhaftigkeit streben und sich von den Verbrechen ihres Volkes in der Vergangenheit lossagen, spielen eine Rolle unter den Angehörigen dieses Volkes, aber auch nur bei ihnen. Denjenigen, die dieses alles miterlebt und weitererzählt haben, denen wir diese Erzählung verdanken, wird das Geschrei der Revolution der aufgebrachten Massen und die Wut der mordbrennend umherziehenden Horden eher in Erinnerung gewesen sein, sie werden wenig über die inneren Angelegenheiten des Volkes gewußt haben, denn wir werden sie nicht unter den Anhängern des Noah zu suchen haben (s.u.). Dementsprechend ist es denn wohl auch überflüssig, noch einmal erklären zu wollen, was das Wortspiel *verbrennt (*alles*) zu Verbranntem!* meint. Klar ist, daß sich das Zerstörungswerk gegen die eigene Oberschicht richtet. Ganz so harmlos, daß die Leute nur Ziegel brennen wollen, ist die Erzählung nicht.

Baupläne

Aus den Trümmern der Zerstörung entsteht Neues: *Und die Reinheit wurde zu Stein und das Gären in ihnen zu Ton.* Ihr Umgehen mit der Vergangenheit, ihr Aufbegehren gegen die Führung zwang sie, nach neuer Identität zu suchen. Das alte

Machtgefüge war zerbrochen; ihre Revolution konnte nur Erfolg haben, wenn sich eine neue Ordnung einführen ließ. Revolutionen werden ausgelöst durch die Unzufriedenheit der Menschen, deren Los durch die Ungerechtigkeit der Verhältnisse unerträglich geworden scheint. Sie werden getragen von Ideen, die der Bevölkerung neue Lebensperspektiven eröffnen. Für das biblische Volk Noah war das nicht anders. Es ging wirklich um eine Revolution von unten. Das kann man daran erkennen, daß ein Revolutionsführer nicht einmal erwähnt wird.
Bei der zu Stein gewordenen Umkehr und dem zu Ton gewordenen Aufbegehren denkt man im Hinblick an die damalige Zeit zuerst an einen Altar und an ein Götterbild. Alle Identität der Völker fand zu dieser Zeit seinen Ausdruck vornehmlich in der Stammesreligion. Da das ganz sicher für die Vorbilder unseres Völkchens galt, werden wir nicht fehlgehen, wenn wir eine solche Vermutung in diesen Vers hineinlegen. Die folgende Erzählung gibt einen Hinweis, der diese Vermutung bestätigt: Der Turm, der bis in den Himmel reichen sollte, die Sikkurath, einer der vielen Tempelbauten im damaligen Mesopotamien. Dieses Bauwerk ist so eindeutig den Vorbildern entsprechend das bestimmende Merkmal des gesamten Bauvorhabens, daß wir diesen Gedanken zugrunde legen müssen.
Vermutlich war die Idee der ehemaligen Mitstreiter des Noah zunächst viel bescheidener. Sie wollten das Nomadendasein mit einem seßhaften Leben vertauschen. Aber wer hätte ihnen Land gegeben für den Ackerbau und zur Errichtung ihrer Häuser? Das neu zu gründende Staatswesen brauchte eine gewisse Wehrhaftigkeit. Beide Erfordernisse finden wir in der Erzählung vereinigt: Sie beschließen, einen Turm und eine Stadt zu bauen, *damit sie sich einen Namen machen und nicht zerstreut werden.* Der Prozeß, sich von der Vergangenheit zu lösen, sich und ihren Kindern eine Zukunft zu schaffen (*laßt uns rein werden für unsere Kinder!*), hat sichtbaren Ausdruck in festen Häusern nach dem Vorbild anderer Siedlungen in der Gegend gefunden. Die Stadt sollte groß werden, der Turm hoch, damit wollten sie zum Ausdruck bringen, daß potentielle Feinde mit deren Erbauern rechnen müßten. Ein Turm mit einem Tempel auf der höchsten Plattform sollte weithin sichtbar anderen Stadtstaaten

zeigen, daß sich hier ein Volk niedergelassen habe, das einen Landstrich als seinen Wohnsitz beanspruchte und stark genug wäre, es notfalls auch zu verteidigen. Der bis zum Himmel reichende Tempelturm unterstreicht diesen Anspruch, weist hin auf einen starken Volksgott, mit dessen Hilfe sie nicht zu schlagen wären. Turm und Stadt (mit Mauern und Befestigungen) sind Ausdruck eines kollektiven Imponiergehabes gegenüber anderen Staaten in der Gegend. Damit will man einerseits der Gefahr entgegenwirken, vertrieben zu werden, *zerstreut in alle Länder*, wie es im Text heißt, andererseits schweißt eine solche Aufgabe und eine solche befestigte Anlage das Volk auch zusammen. Das Bauvorhaben macht Sinn für die Sicherheit der Menschen nach außen und innen.
Dennoch reicht selbst dieser Sachverhalt nicht als Grund aus, dermaßen herausgehoben erwähnt zu werden. Seinetwegen hätte es die Noahsage noch nicht gegeben, es waren ja genügend andere bedeutende Städte vorhanden. Wir lesen weiter und hoffen, daß wir noch herausfinden, welcher Umstand uns die Noahsage beschert hat.

Babylon?

Es geht den Einwanderern darum, sich eine Metropole zu schaffen, um sich unter den anderen Stadtstaaten politisch, militärisch und auch religiös behaupten zu können. Ist mit dieser Metropole Babylon gemeint? Natürlich, werden manche sagen, es geht ja um den Turmbau zu Babel! Lassen Sie uns sehen! *Sie ließen sich nieder in Sinear*, heißt es. Sinear war verbreiteter Name für den Landstrich, den wir Babylonien nennen. Interessant ist, daß die Bibel ein Land Babylonien nicht von der Stadt Babylon (Babel) unterscheidet. Bei Jesaja und in einigen Psalmen[87] finden wir spärliche Hinweise auf dieses Land. Wichtig allein war die Stadt Babylon. Das ist nicht verwunderlich, denn wie später in Griechenland, gab es in Mesopotamien zahlreiche rivalisierende Stadtstaaten mit mehr oder minder großem Umland.
Über die Entstehungsgeschichte Babylons ist wenig bekannt, wir wissen nur, daß es eine sehr alte Stadt war. In ihr befand sich eine Zikkurath, ein stufenförmiger Baukörper, auf dessen oberer Plattform ein Tempel stand, Kennzeichen aller großen mesopotamischen Städte. Stadt und Turm im Lande

Sinear, dazu noch die Forderung, daß es sich um eine bedeutende Stadt gehandelt haben muß, alles paßt zu Babylon. Die Vermutung liegt scheinbar recht nahe, daß die Noahsage etwas mit der Gründung Babylons zu tun hat, denn Semiten spielten nach allem, was wir über das Land zwischen Euphrat und Tigris wissen, dort eine große Rolle.
Diese Annahme ist trotzdem unwahrscheinlich. Im Hebräischen gibt es keinen Wortstamm, mit dem Babylon/Babel verwandt sein könnte, das allein schon spricht gegen eine Gründung aus dem Kulturkreis der Hebräer bzw. der Semiten. Andererseits spricht der weitere Verlauf der Erzählung dagegen. Der Städtebau in unserer Erzählung wird abgebrochen, Babylon dagegen wird eine imposante Hauptstadt. Wir tun gut daran, uns an den Text zu halten, den Namen der Stadt offenzulassen, und uns beim letzten Vers diesem Problem noch einmal zuzuwenden, wenn es dann noch notwendig sein sollte.

Spott, Angst und Enttäuschung

Das Vorhaben wird natürlich von den Nachbarn mit Argusaugen beobachtet. Sie sehen die als so imponierend gedachte Anlage des Baus, haben aber nichts als Spott dafür übrig: *Da fuhr der HERR hernieder, daß er sähe die Stadt und den Turm, die die Menschenkinder bauten.* Wie sich Schulkinder gern auf ihren großen starken Bruder berufen, wenn sie in Konflikte geraten, so die Völker damals auf ihre Götter. Die Stadt, der Turm gerieten im Vergleich zu denen der Nachbarn eher bescheiden, dem Kräftepotential des Volkes angemessen. Die Götter der bestehenden Staaten - in Israel später durch *Jahwe* ersetzt - müssen sich herabbegeben, um überhaupt sehen zu können, was dort entsteht, so winzig erscheinen ihnen Turm- und Städtebau. Das ist natürlich Provokation der Nachbarstaaten, vermutlich völlig übertrieben. Der Spott, der in dem Vers bis auf uns hindurchschimmert, ist nichts anderes als die Reaktion der Menschen auf das Imponierverhalten unseres Volkes, selbst auch nichts anderes als Großtuerei.
Starke Worte lassen sich leicht in den Mund nehmen. Wie oft verbirgt sich dahinter eigene Unsicherheit und Angst! Auch davon läßt unsere Erzählung in der verschlüsselten Ausdrucksweise ihrer religiös gefärbten Sprache noch etwas ah-

nen: *Und der HERR sprach: siehe, es ist einerlei Volk und einerlei Sprache unter ihnen allen, und dies ist der Anfang ihres Tuns; nun wird ihnen nichts mehr verwehrt werden können von allem, was sie sich vorgenommen haben zu tun.* Damit ist die Katze aus dem Sack: Auch hier hat der HERR, also *Jahwe*, die Rolle der einheimischen Gottheiten übernommen. Sein Spruch steht für das, was die Eingeborenen denken: Man muß etwas gegen die Eindringlinge unternehmen, solange noch Zeit ist. Etwaige Expansionsgelüste erstickt man besser im Keim! Die Ansicht, die eben noch in den verbalen Spottadressen so klar und eindeutig schien, daß das Bauvorhaben so gewaltig nicht gewesen sein könne, erweist sich schnell als Produkt von Maulhelden. Die Nachbarstaaten beginnen, sich Sorgen zu machen, was aus den Aktivitäten dieses Volkes noch entstehen könne. Sie sehen ihre Felle schwimmen, sie haben Angst, daß sie sich der neuen Macht nicht erwehren können. Als Grund für diese Angst wird Einheitlichkeit in Nationalität und Sprache genannt. Das läßt den Rückschluß zu, daß in anderen Staaten dieses Gebietes eine solche Einheit nicht gegeben war. Das gleiche sagen uns auch die Archäologen über dieses Land zwischen Euphrat und Tigris: Hier tummelten sich viele Völkerschaften. Für Noahs Gefolgsleute und Nachkommen war es demgegenüber offenbar von herausragender Bedeutung, daß sie mit einer gemeinsamen Sprache die Wanderung überstanden und nun auch ihr großes Werk begannen.

Ein rasches Ende

Daß die Nachbarn nun aktiv werden, scheint uns in dem folgenden Vers mitgeteilt zu werden: *Wohlauf! Laßt uns herniederfahren und dort ihre Sprache verwirren, daß keiner des anderen Sprache verstehe!*[88] Sie scheinen also etwas gegen die Neugründung zu unternehmen, wenn wir die religiöse Sprache zurückübersetzen.

Leider ist die Übersetzung falsch: Ganz enttäuschend kündet sich ihr Ende an: Im Originalton der hebräischen Bibel braucht es keinen Gott, der sich in das Geschehen einmischt. *Wohlan, sie (die Stadt) sank herab und ließ dort ihre Sprache verkümmern, so daß kein Mann mehr die Sprache seines Freundes verstehen konnte.*[89] Starke Worte benutzt der Text, wenn vom Herabsinken der Stadt die Rede ist und davon,

daß sie ihre Sprache verächtlich behandeln. Die neuen Siedler zogen es vor, gute Nachbarschaft zu suchen, anstatt schweißtreibende Bauleistungen für ein Repräsentationsprojekt zu erbringen, zumal es eine anerkannte Führerperson nicht mehr gegeben zu haben scheint. Daß einer nicht mehr die Sprache des anderen versteht, beschreibt, wie sich das Volk an die Umgebung anpaßt und dabei den Willen zu gemeinschaftlicher Anstrengung immer mehr aus den Augen verliert. Das Projekt einer befestigten Stadt war gedacht als Bollwerk gegen die Urbevölkerung, hatte dementsprechend einen ab- bzw. ausgrenzenden Charakter. Das Gegenteil trat ein. Die Angst der Ureinwohner wird sich aufgelöst haben, je mehr das Volk unserer Sage sich assimilierte und mit der eigenen Sprache zunehmend auch die eigene Kultur in Vergessenheit geraten ließ. Weder das Eingreifen eines Gottes noch eine große kriegerische Auseinandersetzung mit den Eindringlingen war also nötig, um den Bau zu stoppen.
Daß Gott die Sprache verwirrt habe, ist alte jüdisch-christliche Tradition, wir finden sie bereits in der Septuaginta, sie entspricht aber nicht dem ursprünglichen hebräischen Text. Mir ist dessen Beschreibung, woran der Plan eines Städtebaus scheitert, sehr viel einleuchtender.
So löst sich das Volk, das einst so mutig seinen Weg in eine neue Zukunft gesucht hatte, sang- und klanglos in der Urbevölkerung auf. Das Ende der Noahsage klingt ganz undramatisch; es ist, obwohl religiös verbrämt, erstaunlich wirklichkeitsnah: *So zerstreute sie der HERR in alle Länder, und sie hörten auf, die Stadt zu bauen.* Nein, sie tragen nicht etwa unterschiedliche Sprachen, die in jener Stadt entstanden seien, in die ganze Welt hinaus! Statt dessen geht ihre Sprache unter in jenen Gebieten Mesopotamiens, wo einzelne Menschen, Familien oder Sippen ein neues Zuhause fanden.

Wieweit die Stadt und der Turm gediehen sind, erfahren wir nicht. Der Text berichtet lediglich, daß sie nicht vollendet wurden, daß die Menschen aufhörten mit dem Bau und fortgingen. Geblieben ist von den großen Plänen nur eine längst versunkene Ruine irgendwo in Mesopotamien, möglicherweise nicht unweit von Babylon, und mit der Ruine verbunden eine uralte spannende Sage.

Damit ist nun auch klar, wem wir die Erzählungen der Noahsage zu verdanken haben. Sie wurden im Zweistromland im Zusammenhang mit der Geisterstadt von einer Generation zur nächsten weitererzählt und bekamen immer geheimnisvollere Züge, bis sie allmählich zu jenen Geschichten wurden, in denen sich himmlische und irdische Kräfte begegnen, um schließlich zu einem Mythos von einem neuen Anfang der Geschichte der Götter mit den Menschen zu werden.

Abgesang

Ob das Volk Noah je politische Bedeutung gehabt hat in der Geschichte, läßt sich anhand der Quellen bezweifeln, obgleich nicht zu übersehen ist, daß in der Region, in der diese Sage entstanden ist, Noahs Leute einen bleibenden - allerdings nicht nur positiven - Eindruck hinterlassen haben.
Aus Babylon wird die Erzählung eine Karawane oder ein Kaufmann über viele Umwege mitgebracht haben. Die Stadt und der Turm, unvollendet und verlassen, werden längst von Wüstensand bedeckt gewesen sein, als die Kunde von der Sintflut, den bösartigen Engeln, dem betrunkenen Noah und der Verwirrung der Sprachen die Autoren der Texte erreichte, die den Verfassern dieses Bibelabschnittes als Grundlage dienten. Weil niemand in anderen Regionen und Ländern Zugang zu der Ruinenstadt und deren Geheimnis hatte und weil es ja auch nahezuliegen schien (s.o.), hat man diese letzte Erzählung des Komplexes mit Babylon verbunden: *Daher heißt ihr Name Babel, weil der HERR daselbst verwirrt hat aller Länder Sprachen und sie von dort verstreut hat in alle Länder.*
Dieser Satz erweist sich aus mehreren Gründen als Nachtrag:

1. Das Wort Babel, *babel* herzuleiten aus *balal*,[90] wie es der hebräische Text tut, ist das gleiche, als würde man unser Wort Haus von Maus ableiten wollen. Die Wörter haben keinerlei Verwandtschaft, auch wenn sie ähnlich klingen. Zudem meint *balal* untermischen, einrühren, *balal* hat vielleicht mit Vermischen der Sprachen, mit Sprachenvielfalt zu tun. Daß Babylon eine Stadt war, in der sich ein Völkergemisch tummelte, dürfte bekannt gewesen sein. Ob da jemand irre wurde an seiner eigenen Sprache, daß man die babyloni-

sche Mischkultur als Verwirrung der eigenen Sprache ansah und *balal* so interpretierte? Bei der Namenserklärung hat man offensichtlich Äpfel mit Birnen verglichen.
2. Wenn gleiche Aussagen wiederholt werden, deutet das allein schon auf einen Nachtrag hin. Das gilt hier für die Verwirrung der Sprache und die Zerstreuung in alle Welt.
3. Das Verwirren der Sprache in Vers 7 wird üblicherweise in das Wort *nabal* (verächtlich machen) hineingelesen; darauf soll sich *balal* (untermischen) in Vers 9 beziehen? Es sind ganz unterschiedliche Wörter, die wiederum nur ein ähnlicher Klang verbindet.
Mit diesen Feststellungen können wir den letzten Satz der Erzählung getrost streichen und damit Babylon als Ort des Geschehens in das Reich der Phantasie verweisen. Unsere Frage, ob mit der Stadt und dem Turm möglicherweise Babylon gemeint sein könnte, hat sich nun endgültig erledigt. Weder Noah noch seine Nachkommen, das hat diese Betrachtung gezeigt, haben mit der Gründung von Babylon und dem Bau des Turmes dort etwas zu tun.

Fazit: So wie der sog. zweite Schöpfungsbericht keiner ist, wie in der Sündenfallgeschichte keine Sünde vorkommt, wie im Brudermordreport keiner getötet wird, die Sintflutgeschichte ohne Sintflut auskommen muß, so hat auch die sprichwörtliche babylonische Sprachverwirrung nie stattgefunden. Nicht einmal der berühmte Turm zu Babel hält, was er verspricht.

Wenden wir uns nun einem Thema zu, das wie kein anderes aus dem Alten Testament Anlaß zu endlosen Diskussionen liefert, der Schöpfungsgeschichte am Anfang der Bibel. Unglaublich viel Unsinn wurde mit ihr verbunden, in sie hineingelegt. Die namenlosen Redaktoren, die den Text in der biblischen Fassung zu verantworten haben, sind nicht schuldlos daran. In einer sorgfältigen Betrachtung wird sich zeigen, daß Befürworter und Gegner dieser Darstellung, wie die Welt entstanden ist, staunen werden, wie nahe der Bericht in seiner ursprünglichen Gestalt ihnen beiden ist.

DIE SCHÖPFUNG
1. Mose 1,1 - 2,4

1 Am Anfang schuf Gott Himmel und Erde. 2 Und die Erde
war wüst und leer, und es war finster auf der Tiefe; und der
Geist Gottes schwebte auf dem Wasser.
3 Und Gott sprach, es werde Licht! Und es ward Licht. 4 Und
Gott sah, daß das Licht gut war. Da schied Gott das Licht
von der Finsternis 5 und nannte das Licht Tag und die Fin-
sternis Nacht. Da ward aus Abend und Morgen der erste Tag.
6 Und Gott sprach, es werde eine Feste zwischen den Was-
sern, die da scheide zwischen den Wassern. 7 Da machte Gott
die Feste und schied das Wasser unter der Feste vom Wasser
über der Feste. Und es geschah so. 8 Und Gott nannte die Fe-
ste Himmel. Und es wurde Abend und Morgen, der zweite
Tag.
9 Und Gott sprach: Es sammle sich das Wasser unter dem
Himmel an besondere Orte, daß man das Trockene sehe.
Und es geschah so. 10 Und Gott nannte das Trockene Erde,
und die Sammlung der Wasser nannte er Meer. Und Gott
sah, daß es gut war.
11 Und Gott sprach: Es lasse die Erde aufgehen Gras und
Kraut, das Samen bringe, und fruchtbare Bäume auf Erden,
die ein jeder nach seiner Art Früchte tragen, in denen ihr Sa-
me ist. Und es geschah so. 12 Und die Erde ließ aufgehen
Gras und Kraut, das Samen bringt, ein jedes nach seiner Art,
und Bäume, die da Früchte tragen, in denen ihr Same ist, ein
jedes nach seiner Art. Und Gott sah, daß es gut war. 13 Und
es ward Abend, es ward Morgen, der dritte Tag.
14 Und Gott sprach: Es werden Lichter an der Feste des
Himmels, die da scheiden Tag und Nacht und geben Zeichen,
Zeiten, Tage und Jahre und 15 seien Lichter an der Feste des
Himmels, daß sie scheinen auf die Erde. Und es geschah so. 16
Und Gott machte zwei große Lichter: ein großes Licht, das
den Tag regiere, und ein kleines Licht, das die Nacht regiere,
dazu auch die Sterne. 17 Und Gott setzte sie an die Feste des
Himmels, daß sie schienen auf die Erde 18 und den Tag und
die Nacht regierten und schieden Licht und Finsternis. Und
Gott sah, daß es gut war. 19 Und es wurde Abend und Mor-
gen, der vierte Tag.

20 Und Gott sprach: Es wimmle das Wasser von lebendigem
Getier, und Vögel sollen fliegen unter der Feste des Himmels.
21 Und Gott schuf große Walfische und alles Getier, das da
webt und lebt, davon das Wasser wimmelt, ein jedes nach
seiner Art. Und Gott sah, daß es gut war. 22 Und Gott segne-
te sie und sprach: Seid fruchtbar und mehret euch und erfüllet
das Wasser im Meer, und die Vögel sollen sich mehren auf
Erden. 23 Und es ward Abend, es ward Morgen, der fünfte
Tag.
24 Und Gott sprach: Die Erde bringe hervor lebendiges Ge-
tier, ein jegliches nach seiner Art: Vieh, Gewürm und Tiere
des Feldes, ein jedes nach seiner Art. Und es geschah so. 25
Und Gott machte die Tiere des Feldes, ein jedes nach seiner
Art, und das Vieh nach seiner Art und das Gewürm des Er-
bodens nach seiner Art. Und Gott sah, daß es gut war.
26 Und Gott sprach: Lasset uns Menschen machen, ein Bild,
das uns gleich sei, die da herrschen über die Fische im Meer
und über die Vögel unter dem Himmel und über das Vieh
und über alle Tiere des Feldes und über alles Gewürm, das
auf Erden kriecht. 27 Und Gott schuf den Menschen zu sei-
nem Bilde, zum Bilde Gottes schuf er ihn; und schuf sie als
Mann und Weib. 28 Und Gott segnete sie und sprach zu ih-
nen: Seid fruchtbar und mehret euch und füllet die Erde und
machet sie euch untertan und herrschet über die Fische im
Meer und über die Vögel unter dem Himmel und über das
Vieh und über alles Getier, das auf Erden kriecht. 29 Und
Gott sprach: Sehet da, ich habe euch gegeben alle Pflanzen,
die Samen bringen, auf der ganzen Erde, und alle Bäume mit
Früchten, die Samen bringen, zu eurer Speise. 30 Aber allen
Tieren auf Erden und allen Vögeln unter dem Himmel und
allem Gewürm, das auf Erden lebt, habe ich alles grüne
Kraut zur Nahrung gegeben. Und es geschah so. 31 Und Gott
sah an alles, was er gemacht hatte, und siehe, es war sehr gut.
Da ward aus Abend und Morgen der sechste Tag.
2,1 So wurden vollendet Himmel und Erde mit ihrem ganzen
Heer. 2 Und so vollendete Gott am siebenten Tage seine
Werke, die er machte, und ruhte am siebenten Tage von allen
seinen Werken, die er gemacht hatte. 3 Und Gott segnete den
siebenten Tag und heiligte ihn, weil er an ihm ruhte von al-
len seinen Werken, die Gott geschaffen und gemacht hatte.

4 So sind Himmel und Erde geworden, als sie geschaffen wurden.

Bibel oder Wissenschaft?

Wie selbstverständlich ist unter uns die Meinung verbreitet, daß man entweder glaubt, Gott habe die Welt erschaffen, oder man folgt den Hypothesen der wissenschaftlichen Erkenntnis. Wer hat recht, die Bibel oder die Wissenschaft?, ist eine immer wieder gestellte Frage.
Lassen wir beiseite, daß man selbstverständlich so nicht fragen darf, etwas genauer sollte man schon sagen, was man mit Bibel bzw. Wissenschaft meint. Ich denke, wir schauen uns die Worte in der Bibel, die Auskunft geben können, den Bericht von der Schöpfung, einmal ganz genau an, dann können wir entscheiden. Mir ist wichtig, daß wir ganz genau hinschauen. Die meisten Menschen schauen, wenn sie schon einmal in der Bibel lesen, nicht genau hin. Vorurteile verstellen ihnen den Zugang zu den Inhalten.
Im Wesentlichen handelt es sich dabei um zwei Vorurteile: Die einen meinen, weil ein Text in der Bibel steht, ist er schon allein deshalb richtig, denn es ist ja Gottes Wort; die anderen meinen, weil es in der Bibel steht, ist es von vornherein Unsinn, denn Gott gibt es nicht und überhaupt, die Religion diene nur dazu, die Menschen zu verdummen. Den einen möchte ich sagen, daß *Gottes Wort* sehr menschlich entstanden ist, an einigen Stellen sogar mit wenig beeindruckender geistiger Kraft. Den anderen möchte ich sagen, daß nur Vorurteile dumm sind; sie möchte ich einladen, sich ein Urteil zu bilden. Ich bitte Sie, die Schöpfungsgeschichte wie die Erzählungen bisher ohne Vorurteile, aber ruhig kritisch mit mir zu lesen. Mag sein, Sie beurteilen die eine oder andere Stelle anders als ich, das ist dann auch in Ordnung. In dem Falle habe ich Sie nämlich zum genauen Lesen angeregt.

Die Überlegungen halten sich wie bisher, wo es irgend geht, an den deutschen Text. Daß die Darstellungen oft aus verschiedenen Quellen zusammengewachsen sind, läßt sich meist auch in der Übersetzung noch gut erkennen. Nur wo sich wichtige Schlußfolgerungen aus dem hebräischen Originaltext ergeben, werden wir auf ihn zurückgreifen.

Original und Fälschung

Gott habe, läßt sich aus der Aufzählung der Schöpfungstage leicht feststellen, eine Woche für sein Werk gebraucht. Es ist ja ganz offensichtlich, daß der Einteilung der Epochen in der Entstehungsgeschichte der Erde in unserem Schöpfungsbericht das Schema einer Woche zugrunde liegt. Natürlich darf man daraus nicht schließen, daß die Verfasser etwa gemeint hätten, daß da ein Gott innerhalb einer Woche unserer Zeiteinteilung das All bis hin zum Menschen gemacht habe. Es wäre nicht ganz leicht, sich vorzustellen, wie Menschen die Idee eines Gottes so kleinkariert anlegen könnten und gleichzeitig so tiefes Wissen um die Zusammenhänge erkennen lassen. Eine Woche ist grotesk kurz für einen Entstehungsprozeß so ungemein differenzierter Zusammenhänge und umgekehrt unsinnig viel zu lang für ein schöpferisches Wort. Das wußten auch die Alten.

Wir werden sehen, daß der Text in Inhalt und Form sehr unterschiedlich ist, daß aber gerade die genauesten und konzentriertesten Passagen auf sehr alte Quellen zurückzuführen sind. Unser Text läßt noch durchblicken, daß diese in der sogenannten Priesterschrift verarbeiteten Texte sich deutlich unterscheiden von vermutlich noch älteren Vorstellungen, die ebenfalls Eingang gefunden haben in den Schöpfungsbericht und sich teilweise als Paralleldarstellung oder Verdoppelung wiederfinden. Bei der ersten sich ergebenden Gelegenheit werden wir diesen Sachverhalt anhand des Textes darstellen. Weil sehr unterschiedliche Elemente zusammengefügt worden sind, geht der ganze Bericht nicht so harmonisch auf, wie wir immer gedacht haben. Die Redaktoren, denen wir die heutige Fassung verdanken, haben ältere Überlieferungen bearbeitet, sich dabei aber auch gelegentlich über die Intention des Originals hinweggesetzt. Nicht immer sind ganz schlüssige Folgerungen daraus entstanden. Priester und Geistliche, selbst wenn das Ergebnis ihrer Arbeit in Heiligen Schriften Eingang fand, waren halt auch nur Menschen. Das gilt nicht nur für die Bibel, aber es gilt auch für sie.

Alles aus dem Nichts
1. Mose 1, 1 - 2

1 Am Anfang schuf Gott Himmel und Erde. 2 Und die Erde war wüst und leer, und es war finster auf der Tiefe; und der Geist Gottes schwebte auf dem Wasser.

Es fängt gleich brisant an in der Bibel: *Am Anfang schuf Gott Himmel und Erde.*
Als erstes hört immer jeder gleich Gott. *Gott schuf*, Wer nicht zustimmend nickt, fragt sofort nach: Wer, was ist Gott? Ich verstehe das, aber ich will dazu jetzt noch nicht Stellung nehmen. Lassen Sie uns offenhalten, was, wer Gott hier ist, um nicht durch personhafte Vorstellungen vorschnell in Spekulationen zu verfallen. Der Bericht von der Erschaffung der Welt ist, wie wir sehen werden, in seiner ursprünglichen Fassung sehr zurückhaltend, wenn es um Gott geht.

Was hier als Akt Gottes, als des Schöpfers ausgedrückt ist, *Gott schuf*, was dazu verleitet, sich einen menschenähnlichen Gott vorzustellen, werden wir aus der Perspektive des Geschaffenen betrachten. Denn nur von dort her können wir einen sinnvoll nachvollziehbaren Zugang erwarten. Wir schauen uns die Entstehung der Welt also nicht mit den Augen Gottes, sondern mit denen der Menschen an. Das ist auch ehrlicher; wie soll man denn auch jemanden ernst nehmen können, der behaupten wollte, mit Gottes Augen sehen zu können? Wir nehmen damit dem Text den anbetenden Charakter, das staunende Gotteslob der Religion; aber wir werden sehen: Hier steht nichts, was nicht auch in unseren Schulbüchern stehen könnte, wären sie denn an bestimmten Stellen so genau wie unser Text.

Zurück in den Anfangssatz der Bibel!
Das hebräische Verb *bara*, schaffen, ein im Alten Testament verhältnismäßig selten gebrauchtes Wort, wird ausschließlich als etwas verwandt, was Gott tut, wenn keine andere Ursache erkennbar ist, aus der heraus etwas geschieht. Menschen können nur Neues hervorbringen, indem sie Vorhandenes benutzen, aus dem sie etwas gestalten. Ohne Eisen kann man keine Lokomotive bauen. Das Verb *bara* unterscheidet sich von unserer menschlichen Kreativität darin, daß nichts vor-

ausgesetzt wird, wenn etwas geschaffen wird: Gott erschafft etwas aus dem Nichts. Wir tun dem Text keine Gewalt an, wenn wir die Blickrichtung verändern. Am Anfang schuf Gott Himmel und Erde meint nichts anderes, als daß Himmel und Erde am Anfang entstanden. Wir sind mit dieser Aussage ebenso zurückhaltend wie der biblische Text, denn wie das Entstehen vor sich gegangen ist, kann niemand sagen, die Bibel verrät es uns auch nicht.
Himmel und Erde stellt einen Zwillingsbegriff dar, meint hier nicht den Himmel über uns und die Erde, unseren Lebensraum, (beide Begriffe tauchen unter dieser Bedeutung später in der Schöpfungsgeschichte wieder auf), sondern spricht von dem Urstoff, aus dem alles entstand, spricht vom Weltall, bevor es ein Weltall gab, spricht von dem, was wir heute Materie nennen würden, Urmaterie, Masse ohne Ausdehnung.

Wenn heute Naturwissenschaftler vom Urknall sprechen, dann sagen sie uns, daß mit der Materie auch Energie frei wurde und Zeit und Raum entstanden; das wußten die Menschen vor 2.500 Jahren auch schon, davon wird später zu reden sein. Hier geht es zunächst darum, daß man den allerersten Anfang zu fassen versuchte, zu fassen in dem wortwörtlichen Sinne, wie man Stoffliches fassen, begreifen kann. Den Autoren geht es aber auch ganz gleichwertig, wenn man nach der Satzstellung urteilt, vielleicht sogar vorrangig, um das Bewußtsein, daß es einen Anfang gegeben haben muß. *Am Anfang schuf ...* Das war in Philosophie und Glauben gar nicht unumstritten und ist es teilweise bis heute nicht. Wie soll man sich auch einen Anfang der Ewigkeit vorstellen? Wir wissen, es gab Zeit vor uns, und es wird Zeit nach uns geben. Aus unserem Gefühl heraus empfinden wir, unsere Zeit ist begrenzt, die Welt ist unbegrenzt.
Unser Gefühl täuscht. Gleich das erste Wort der Bibel streicht heraus: Unsere Welt besteht nicht schon ewig, wird auch nicht ewig bleiben; denn alles, was einen Anfang hat, hat auch ein Ende. Das zu wissen, hat zwar kaum Bedeutung für unser kurzes Menschenleben, selbst für die Lebenszeit der Gebirge von ihrem Entstehen bis zur völligen Einebnung ist das bedeutungslos, denn es handelt sich um unvorstellbar

lange Zeiträume; aber es zeigt, wie genau unsere Schöpfungsgeschichte die Zusammenhänge zu erfassen sucht.

Chaos und Leben
1. Mose 1,2

2 *Und die Erde war wüst und leer, und es war finster auf der Tiefe; und der Geist Gottes schwebte auf dem Wasser.*

Und die Erde war ein einziges Tohuwabohu,[91] so genau steht es in der hebräischen Bibel im zweiten Satz der Schöpfung, ein einziges gestalt- und formloses Etwas, ein heiloses Durcheinander, das absolute Chaos. Den Begriff Tohuwabohu (dt. Tohu und Bohu) kann man nicht beschreiben, auch nicht übersetzen. Das ist auch nicht nötig. Wer kennt den Begriff wohl nicht? Wie viele Mütter mögen die Hände über dem Kopf zusammengeschlagen haben ob des Tohuwabohu im Kinderzimmer!

Achten wir auf die Feinheiten. Der Bericht, nachdem er den Beginn des Weltalls beschrieben hat, wendet sich sofort der Erde zu. Nicht darüber, was auf irgendwelchen galaktischen Sonnen möglicherweise geschehen sein könnte, spekuliert er, sondern was hier geschah, interessiert. Es kann ja sein, daß auf anderen Sternen ähnliche Dinge geschehen sind oder noch geschehen werden, das muß aber nicht so sein. Allen denen, die auf Besuch aus dem All warten, gibt der Bericht ein enttäuschendes Zucken mit den Schultern zur Antwort: Er will beschreiben, wie sich die Erde entwickelt; was mit anderen Sternen und Planeten geschieht, interessiert ihn nicht.

Die Genauigkeit der Beschreibung des Anfangs als eines Tohuwabohu ist schon erstaunlich, wenn wir unser Wissen um die Entstehung der Erde aus einer rotierenden Gaswolke danebenhalten. Woher konnte man das vor so langer Zeit schon wissen? Was die Priester und Gelehrten damals hier zusammengetragen und zu einem poetischen und kultischen Text verdichtet haben, ist uraltes Wissen der Menschheit, ganz sicher viel älter als das Alte Testament. Diese Art des Wissens braucht mehr als Meßinstrumente; es entspringt der inneren Schau von Zusammenhängen in der Natur bei Menschen, die sich noch selbst als Teil der Natur empfinden.

Zu dem Tohuwabohu, aus dem einmal die Erde werden sollte, gehört, so unser Bericht, noch etwas Wichtiges dazu: *Und der Geist Gottes schwebte über dem Wasser.* Viele werden diesen Satz überlesen, weil er scheinbar wenig zur Erklärung der Schöpfung beiträgt. Eine fromme Floskel. Mir ist er fast der wichtigste. Über Urknall, Materie, Energie, Zeit und Raum redet jeder Wissenschaftler, der sich zu den allerersten Anfängen äußert, über Leben kaum einer. Im weiteren Verlauf der Entwicklung auf der Erde wird diese Aussage noch große Bedeutung erlangen. Sie will sagen, daß über dem Ganzen, mit ihm verbunden und doch davon getrennt, Sein ist, Leben. Wie genau das empfunden wurde, wird uns bewußt, wenn wir eine Leiche sehen. Im Körper hat sich im Augenblick des Sterbens nichts verändert, und doch ist alles anders geworden. Niemand kann sagen was, aber jeder weiß, daß etwas Entscheidendes den Körper verlassen hat, das Leben. Ohne Leben zerfällt der Körper in kurzer Zeit.

Ich bin überzeugt, daß es tote Materie nicht gibt. Wenn in verschiedenen religiösen Praktiken moderner spiritueller Gruppen Energieflüsse erlebbar gemacht werden, hier finden wir die Bestätigung dafür, daß die Menschen des Altertums von diesen Zusammenhängen eine genaue Ahnung gehabt haben. Für sie wird es gar nicht nötig gewesen sein, auf dem Markt der Esoterikkultur dafür zu werben. Sie waren Teil ihres Lebens.

Wasser ist etwas Besonderes

Und noch eine feine, aber äußerst wichtige Beobachtung ist in diesen Worten versteckt: Das Tohuwabohu wird am Ende des Verses als Wasser bezeichnet: Der Geist Gottes schwebte über *dem Wasser.* Damit wird ein besonderer Zusammenhang zwischen dem Sein und dem Wasser angedeutet. Wasser ist in der Sprache unserer Seele, unserer Träume das ausdrucksstärkste Symbol.[92] Wasser bedeutet Leben und Tod, es trägt und vernichtet, verbindet und trennt, reinigt und heiligt. In unbewußter Gewißheit verbinden wir mit Wasser, daß alles Leben aus dem Wasser kommt und wir im Mutterleib ja selbst im Wasser gelebt haben. Wasser ist für uns das Urelement, Urgrund alles dessen, was ist. Es ermöglicht or-

ganisches Leben von Pflanzen und Tieren. In diesem Sinne gilt Wasser als Element des Lebens schlechthin, denn ohne Wasser kann man sich Leben nicht vorstellen. Alles uns bekannte Leben kommt aus dem Wasser, kein Lebewesen kommt ohne Wasser aus.
Noch etwas weist auf die Bedeutung und zugleich außerordentliche Besonderheit des Wassers hin: Wasser hat bei plus 4 Grad Celsius seine größte Dichte, habe ich gelernt. Nur dadurch, daß es sich anders verhält als alle Elemente, die wir kennen, und sich bei weiterer Abkühlung ausdehnt, Eis also immer oben schwimmt, ist organisches Leben auf dieser Welt möglich. Dadurch wird ja verhindert, daß die Gewässer vom Grunde her auffrieren und Leben nicht zulassen würden.

Wer will sich anmaßen, den auszulachen, der diesen Anfang einem allweisen und eng mit unserem Leben verbundenen Schöpfergott zuschreibt? Ich will solchen Glauben nicht kritisieren oder belächeln, ich will nur fragen, ob der Schöpfungsbericht diese Anschauung bestätigt. Alle Menschen, die nach dem Anfang fragen, sind darin verbunden, daß sie sich ihm trotz der bis heute vielen offenen Fragen nur mit Bewunderung nähern können. Wie sollte es nicht legitim sein, die darin enthaltene Ehrfurcht in religiöse Sprache zu übersetzen?

Die Zeit beginnt
1. Mose 1, 3 - 5

3 Und Gott sprach, es werde Licht! Und es ward Licht. 4 Und
Gott sah, daß das Licht gut war. Da schied Gott das Licht
von der Finsternis 5 und nannte das Licht Tag und die Fin-
sternis Nacht. Da ward aus Abend und Morgen der erste Tag.

Mit dem 3. Vers tritt der Schöpfungsbericht in eine neue Phase ein. Der Stil ändert sich. Alles wird viel konkreter. Wir haben das Gefühl, als bewege sich der Verfasser auf sichererem Terrain. Die geheimnisvoll mystische Sprache der beiden ersten Verse weicht klareren eindeutigeren Begriffen. Es bleibt dabei, daß es sich um einen Hymnus, ein liturgisches Gebet handelt. Doch man hat das Gefühl, daß die Inhalte anders als in den beiden Versen vorher, jetzt wissenschaftlicher Erkenntnis, genauer Beobachtung und alter Erfahrung entsprungen sind und erst nachträglich eine theologische Ausdrucksweise erfahren haben. Bis heute können wir dem Text abspüren, daß alte Mythen beiseitegeschoben, der Himmel von göttlichen Naturkräften entvölkert wurde, als man sich die Entwicklungsgeschichte auf dieser Erde im zeitlichen Ablauf vorzustellen versuchte. Jahrhundertelang wurden die alten Inhalte der Religionen über die Entstehung der Welt in den Beduinen- und Nomadenzelten bedacht, weiterentwickelt und immer mehr säkularisiert, bis man den alten religiösen Rahmen gar nicht mehr erkennen konnte. Es entstand eine Schau der Zusammenhänge, die die Kräfte der Weiterentwicklung in den Dingen selbst entdeckte. Wenn Gott durch sein Wort, dadurch, daß er sagt, was geschehen soll, als bewegende Kraft, als Motor des Geschehens in unserem Text im Rahmen einer inzwischen ganz anderen Religion wieder eingeführt wird, dann hat das, wie gesagt, liturgische und keine inhaltlichen Gründe.

Und Gott sprach, es werde Licht! Und es ward Licht.
Wir fahren fort in dem Schöpfungsbericht.
Die Sprache allein läßt schon erkennen, daß der weitere Verlauf der Schöpfung ganz anders beschrieben werden wird. Hieß es am Anfang mit der ganzen Kraft jener Urgewalt, die aus dem Nichts den Kosmos hervorbringt, *Elohim bara*, was nur sehr unzureichend und gezähmt mit *Gott schuf* ins Deutsche übersetzt wird, so wird der Fortgang der Schöpfung mit dem mächtigen Wort Gottes zum Ausdruck gebracht: *Und Gott sprach, es werde.* Weil wir nicht die Absicht haben, die Blickrichtung auf die Entstehungsgeschichte zu ändern, ordnen wir jenes *Gott sprach* der priesterlichen Redeweise für den gottesdienstlichen Gebrauch zu. Mit unseren Augen gesehen ist nur jenes *es werde*, genauer: *es wurde*, erkennbar. Die Änderung der Ausdrucksmittel ist von großer Bedeutung. In der profanen Sprache wird nicht anders als in der religiösen sehr genau unterschieden. Gemeint ist doch nichts anderes, als daß das Entstandene sich aus eigener Kraft weiterentwickeln wird. Hier entsteht nicht ein Etwas aus dem Nichts, wie im ersten Satz die Materie, hier entsteht Neues

aus Vorhandenem, der Fluß der Entwicklungsgeschichte beginnt zu fließen.

Das erste Beispiel dafür ist das Licht.
Weil man die Dunkelheit sehen kann, wenn man in der Nacht in der Wüste (wo keine Straßenbeleuchtung sich an Luftpartikelchen bricht und die Dunkelheit aufzuheben scheint) in den Himmel schaut, fragt man sich, wie aus dieser Finsternis heraus das Licht der Sterne, der Sonne und damit unser Licht kommen kann. Es mußte daher gekommen sein, wo alles herkommt, aus dem, was wir den Urknall, der Bericht den Beginn der Schöpfung nennt, aus der Materie. Aus Materie entsteht Energie, will dieser Satz sagen, Licht als eine Form von Energie. Wir können über diese Sichtweise streiten. Ist nicht vielmehr aus Energie Materie entstanden? Möglich ist es. Lassen wir das beiseite gemäß der Frage: Was war früher, das Ei oder die Henne?
Die Lebenserfahrung wird den damaligen Zeitgenossen geholfen haben: Wir wissen alle, wie aus Materie Energie wird, wenn Kohle im Ofen oder eine Kerze im Zimmer verbrennt. Um nichts anderes geht es. Aus Materie entsteht Energie, Energie ist eine Form der Materie. Das Wissen, welches sich darin ausdrückt, daß ein so alter Text ohne die mathematischen Formeln Albert Einsteins zu gleichen Ergebnissen kommt wie er, nennen wir Weisheit. Die religiöse Sprache, einst für liturgische Zwecke im Tempel und Gottesdienst gedacht, deckt die Zusammenhänge also nicht zu. Glauben und Wissen sind keine Gegensätze.

Gott sah, daß es gut war. Ganz unbefangen wird die Bewunderung der Welt und ihrer (Natur-)Gesetze von den Menschen auf Gott übertragen: Er urteilt über sein Werk als etwas vollendet Stimmiges, so als wäre sein Urteil etwas, das dem Herzen des Menschen entsprungen ist. Und das, denke ich, ist es wohl auch.
Eine Bemerkung muß dem hinzugefügt werden. Wer diesen Abschnitt in der Bibel liest, ist sich wohl selten dessen bewußt, daß das Licht, welches hier entsteht, noch keine Alm in warmes Sommerlicht taucht. Bis es dahin kommt, wird es noch dauern! Noch gibt es keine Erde, noch kein Weltall, noch nichts, als eine formlose Urmasse, aus der etwas entste-

hen wird. Auch die als Energie vorhandene Form der Materie, das *Licht*, läßt sich im Augenblick, wo es ensteht, noch in keinem Spektroskop in die Regenbogenfarben auflösen.

Gegensätze ziehen sich an
1. Mose 1,4

4 Gott trennte voneinander das Licht und die Finsternis und nannte das Licht Tag und die Finsternis Nacht.

Es gibt nicht einfach ein Licht und eine Dunkelheit. Licht ist nicht ewig Licht und Finsternis nicht ewig Finsternis. Sie werden ständig unterbrochen. Sicherlich hat diese Erkenntnis etwas zu tun mit der Erfahrung, daß Tag und Nacht durch die Drehung der Erde um die eigene Achse ständig wechselt. Der Hinweis auf Tag und Nacht scheint das ja auch nahezulegen.[93]
Ein ewiges Licht gibt es in der Katholischen Kirche. Alles andere Licht ist ständig von Finsternis bedroht, nicht nur das Tageslicht. Kein Lagerfeuer, keine Öllampe, nicht einmal das Licht der Himmelskörper ist beständig. Wenn der Vers hier so stark betont, daß das Licht von der Finsternis getrennt wird, ist das nicht zufällig und bedeutungslos dahingeraten. In der Beschreibung dessen, wie eines aus dem anderen entsteht, hat die Dunkelheit im Grunde keinen Platz. Von ihr wird auch nicht berichtet, daß sie in irgendeiner Weise entstanden sei. Der Hinweis auf die Dunkelheit will darauf aufmerksam machen, daß es Zeiten und Räume ohne Licht gibt. Will sagen: Nichts auf unserem Planeten ist selbstverständlich. Licht und Finsternis werden als Gegensätzliches benannt, sie stehen für Gegensätze schlechthin, es gibt kein ausdrucksvolleres Gegensatzpaar. Nicht zufällig ordnen wir dem Licht das Gute, Warme, Schöne, Angenehme zu und der Finsternis das Böse, Kalte, Häßliche und Unangenehme. Licht und Finsternis sind wie Leben und Tod.
Bevor noch die Schöpfung sich zu entfalten beginnt, steht für alle Zeit fest: Entwicklung, Bewegung, Leben, überall haben wir es mit Gegensätzen zu tun, die sich auszuschließen scheinen und doch zusammengehören. Harmonie empfinden wir überall da, wo die gegensätzlichen Kräfte in ausgewoge-

nem Verhältnis zueinander stehen. Diese Kräfte ordnen das Chaos und ermöglichen die Vielfalt.

Wann war der erste Tag?
1. Mose 1,5b

Und es ward Abend und es ward Morgen, der erste Tag.

Ein Beispiel dafür, wie ein Satz aus der Überlieferung wohl genau in die Bibel übernommen, aber falsch interpretiert wurde, liefert uns der Schluß des 5. Verses. Nachdem vorher in logischer Reihenfolge der Tag dem Licht und die Nacht der Finsternis zugeordnet werden, wird der erste Tag beschrieben, wie man das nun sicher nicht erwartet: *Es ward Abend, es ward Morgen, der erste Tag.* Zwischen Abend und Morgen aber liegt doch die Nacht! In der Bibelübersetzung nach Luther klingt es sogar noch verwunderlicher: Da ward *aus* Abend und Morgen der erste Tag. Was ist gemeint? Ein Versehen vielleicht?
Natürlich ist das kein Versehen, sondern im Gegenteil hoch bedeutungsvoll. So soll beschrieben werden, daß der erste Tag jetzt erst kommt - und nicht etwa gerade vorbei ist. Das Auftreten von Materie, Leben und Energie geschieht keineswegs am ersten Tag sondern vor dem ersten Tag, nicht in der Zeit, sondern vor der Zeit. Es ist Ursache für Zeit, dadurch und damit entsteht überhaupt erst Zeit. Der erste Tag ist die Folge dessen, was bisher geschehen ist. Alles, was wir bisher gelesen haben, müssen wir uns als Gleichzeitiges vorstellen. Gleichzeitig mit Himmel und Erde, also mit Materie, ist Leben da und Energie und Zeit. Es ist eben gerade noch nicht der erste Schöpfungstag, der uns Materie und Licht brachte, wie man uns immer sagte, und wie der Bericht selbst ja auch zählt. Die Vorlage für den Schöpfungsbericht formuliert viel genauer: Materie und Leben treten heraus aus dem Nichts, heraus aus dem Nichtsein, und mit Materie und Leben sind zugleich Energie (Licht) und, wie wir jetzt sehen, auch die Zeit auf dem Plan. Was die biblische Schöpfungsgeschichte, wie wir sie zu lesen gewohnt sind, dem ersten Tag zuordnet, gehört genau betrachtet vor den ersten Tag, an den Beginn der Zeit. Aus der Darstellung, daß der erste Tag nach Abend und Morgen entsteht, läßt sich erkennen, was ur-

sprünglich auch so gemeint war: Mit dem neuen Morgen erst beginnt der erste Tag.

Wie lang war die Schöpfungswoche?

Diese Erkenntnis bringt unser überkommenes Bild von der Schöpfungswoche zunächst einmal völlig durcheinander. Demnach würde ja ganz ungewohnt am ersten Schöpfungstag bereits das Himmelsgewölbe, am zweiten Tag Meere und Kontinente entstanden sein und so weiter. Wie aber vereinbart sich das mit den sieben Tagen der Woche, dem Schema, nach dem die Entstehung der Welt eingeteilt ist? Der Text selbst gibt die Antwort:

Immer wenn ein Schöpfungsabschnitt zum Abschluß kommt, unterstreicht der Bericht den Abschluß einer Epoche durch eine Zäsur: *Gott sah, daß es gut war*. Solche Zäsuren haben wir im Zusammenhang mit dem Abend und dem neuen Schöpfungstag,[94] zweimal allerdings auch während eines Tages, wenn Sie so wollen, »mittags« und zwar in Vers 10, nach der Trennung von Meer und Land, bevor Pflanzen und Bäume sich ausbreiten, und in Vers 25, nach dem Erscheinen der Landtiere, vor der Erschaffung des Menschen. Beides sind sehr markante Einschnitte in der Entwicklungsgeschichte der Erde und natürlich auch in dem Schöpfungsbericht, die ohne weiteres einen neuen Schöpfungstag, um im Bild zu bleiben, rechtfertigen, eigentlich sogar nahelegen würden. Deshalb können wir wohl annehmen, daß auch diese Zäsuren Epochen der Entwicklungsschritte abgrenzen und in der Vorlage als Schöpfungstage enthalten waren. Wir hätten es also ursprünglich nach dem Uranfang mit sieben Abschnitten, mit sieben Schöpfungstagen zu tun. Das ist auch einleuchtend, wenn man bedenkt, welch große Bedeutung die heilige Zahl sieben damals gehabt hat. Deshalb sollten wir sehen, ob wir uns nicht auch daran halten können. Die 7 Tage der Schöpfung wären nach dieser Einteilung echte Schöpfungstage, in denen etwas entsteht.

Dazu ist allerdings ein Exkurs nötig. Denn wo bleibt dabei der Sonntag, der Ruhetag? Lassen Sie uns vorübergehend in das nächste Kapitel ans Ende unserer Schöpfungsgeschichte springen! Wir kehren dann in unseren Text zurück.

Exkurs
Ruhepause
1. Mose 2, 1 - 4a

1 So wurden vollendet Himmel und Erde mit ihrem ganzen
Heer. 2 Und so vollendete Gott am siebenten Tage seine
Werke, die er machte, und ruhte am siebenten Tage von allen
seinen Werken, die er gemacht hatte. 3 Und Gott segnete den
siebenten Tag und heiligte ihn, weil er an ihm ruhte von al-
len seinen Werken, die Gott geschaffen und gemacht hatte. 4a
So sind Himmel und Erde geworden, als sie geschaffen wur-
den.

Über die Begründung und Einführung des Ruhetages berichtet unser Text am Anfang des 2. Kapitels. Diese ersten Verse gehören inhaltlich noch zum ersten Kapitel, zu der Schöpfungsgeschichte. Deutlich läßt sich aber erkennen, daß es sich um einen Anhang, um einen Zusatz, eine Ergänzung der Schöpfung handelt. Die Sätze sind abgetrennt von dem Vorhergehenden durch das Resümee in Vers 1, so sei nun das Geschaffene vollendet, ergehen sich dann in ständigen Wiederholungen und bieten inhaltlich nichts, was man der Entwicklung der Welt zurechnen könnte.
Den Israeliten war der Sabbat, der Ruhetag, ein heiliger Tag. Für sie gehörte er in den Rhythmus einer Woche unbedingt hinein. Das galt auch schon für die Zeit, als sie die Darstellung von der Entstehung der Welt vorfanden, die sie gelegentlich in ihren gottesdienstlichen Feiern verwandten und später in ihre Heiligen Schriften aufnahmen. In dieser Darstellung aber fehlte der Ruhetag. Wichtiger, als alte Texte der Nachwelt zu erhalten, war den Priestern der aktuelle Bezug dazu, wie die Menschen lebten. So ist es nicht verwunderlich, daß in ihrem Veständnis eine Woche aus sechs Arbeitstagen und einem Ruhetag bestand. Sie gestalteten den Bericht kurzerhand nach ihren Bedürfnissen um. Das Ergebnis dieser Umgestaltung: *Gott ruhte aus am siebenten Tag von allen seinen Werken ... und segnete den siebenten Tag und heiligte ihn...* Der Ruhetag für die Menschen hatte seine göttliche Weihe.

1. Mose 1, 3- 5

Wie lang war die Schöpfungswoche?

Jonglieren mit Tagen

Wir stehen jetzt vor der Schwierigkeit, wie wir in den folgenden Überlegungen die Schöpfungstage zählen wollen.[95] Die Redaktoren des Schöpfungsberichtes in der Bibel haben, wie wir gesehen haben, in die alte Zählung eingegriffen und sie erheblich verändert. Da der erste Tag biblischer Zählung, das Auftreten von Materie / Energie und Zeit, eigentlich kein Tag war, es war ja der Beginn der Zeit vor dem ersten Tag, können wir ihn auch nicht mehr so nennen. Der zweite Tag nach biblischer Zählung, an dem das Himmelsgewölbe entstand, ist wohlbegründet ursprünglich der erste Tag der Schöpfung, das werden wir gleich sehen.

Bei den folgenden Tagen ist um des besseren Verständnisses willen eine Umstellung nötig. Der Abschnitt über Sonne, Mond und Gestirne erscheint, nachdem schon Land auf der Erde aus dem Wasser hervorragt und sich begrünt. Das gibt natürlich keinen Sinn. Da hat wohl einer die Tontafeln vertauscht. Wir werden diesen Tag also als den zweiten zählen. Dann haben wir eine sinnvolle und schlüssige Reihenfolge von sieben Schöpfungstagen vor uns:

Vor der Zeit:	Materie, Energie, Zeit, Raum	V. 1 - 5
am 1. Tag:	Himmelszelt	V. 6 - 8
am 2. Tag:	Sonne und Mond und Sterne	V. 14 - 19
am 3. Tag:	Erde und Meer	V. 9 - 10
am 4. Tag:	Pflanzen und Bäume	V. 11 - 13
am 5. Tag:	Fische und Vögel	V. 20 - 23
am 6. Tag:	Landtiere	V. 24 - 25
am 7. Tag:	Menschen	V. 26 - 31

Aus der Vorlage unseres Schöpfungsberichtes geht also hervor, daß am 7. Tage die Menschen entstanden. Wenn dieser Tag unseren Vorfahren ein heiliger Tag war, ist das nach meinem Empfinden sehr viel tiefsinniger, als sich einen ermüdeten Gott vorzustellen, der sich in eine Hängematte legt, um erst einmal auszuruhen.

Der erste Tag der Schöpfung
Wie Trennendes verbindet
1. Mose 1, 6 - 8

6 *Und Gott sprach, es werde eine Feste zwischen den Was-*
sern, die da scheide zwischen den Wassern. 7 *Da machte Gott*
die Feste und schied das Wasser unter der Feste vom Wasser
über der Feste. Und es geschah so. 8 *Und Gott nannte die Fe-*
ste Himmel. Und es wurde Abend und Morgen, der zweite
Tag.

Nachdem nun klargestellt ist, daß die Entstehung der Materie, aber auch der Energie (des Lichtes) und unausgesprochen auch der Zeit und des Raumes nicht eine Sache des ersten Schöpfungstages war, haben wir diesen also jetzt vor uns. An ihm sei, so lesen wir, das Himmelszelt entstanden. Lassen Sie uns nicht zu schnell sagen, es sei der Tag des blauen Firmamentes über uns. Das, was hier entsteht, ist etwas, woraus das Himmelsgewölbe einmal werden wird, ein *firmamentum in nuce* sozusagen. Weil wir noch sehen werden, daß das Firmament sich als etwas ganz anderes entpuppt, als wir in dem Text zu finden meinten, ist dieses *firmamentum in nuce* schon gleich das vollständige Himmelsgewölbe, allerdings noch ganz unsichtbar. Daß es sichtbar ist und beschrieben werden kann, hängt nicht mit Zeitspannen zusammen, es wäre gleichgültig, ob zwischen seiner Entstehung und seiner jetzigen Gestalt eine halbe Stunde oder mehrere Billiarden Jahre liegen; daß es ist und wie es beschrieben werden kann, das hat allein mit uns Menschen zu tun.

Wir wollen das Ergebnis nicht vorwegnehmen. Noch gibt es nichts, als den allerersten Anfang, noch hat nichts Form und Gestalt. Das Urchaos wird immer noch als Wasser beschrieben, als Element, zu dem das Leben gehört. Wir sollten dieses Wasser nicht mit unserem Leitungswasser verwechseln! Wie vorher schon ist auch noch in diesem Abschnitt Wasser eine Metapher für jene strukturlose chaotische Ursubstanz, die sich niemand vorstellen kann.

Die allererste Mitteilung darüber, daß sich dieses Chaos ordnen will, klingt ganz außerordentlich ungewöhnlich. Nichts, was auf Atome, Moleküle, Kristalle oder irgendetwas dergleichen hinweisen würde! Nichts von Explosionen und Strahlungen! Stattdessen: *Gott sprach, es werde eine Feste mitten durchs Wasser, die soll Wasser von Wasser trennen.* Wie mag man wohl darauf gekommen sein?

Exkurs

Wem wollen wir glauben?

Bevor wir diese Frage weiter verfolgen, müssen wir kurz auf die literarische Gestalt des Textes eingehen. Das ist zwar nicht besonders spannend, aber es ist wichtig, daß wir klären, worauf wir uns beziehen wollen.
Gott sprach, es werde eine Feste, beginnt der Abschnitt. Dann geht es etwas merkwürdig weiter. Als würde sein Wort nun nicht mehr ausreichen, wie es vorher doch bei der Entstehung des Lichtes ausgereicht hatte, geht der Text nun ins Detail: Gott macht diese Feste, eine Art Baldachin, er macht sie selbst und trennt auch selbst die Wasser. Dann wieder heißt es, daß es so geschah; das klingt, als würde man bei Gott die Fähigkeit, so etwas fertigzustellen, leise anzweifeln. Diese Schwierigkeiten lassen sich nun leicht lösen. Wenn wir ein wenig umstellen und die Schlußformulierung, *es geschah so*, an den Vers 6 anhängen, haben wir zweimal hintereinander die gleiche inhaltliche Aussage.

1. Und Gott sprach, es werde eine Feste zwischen den Wassern, die da scheide zwischen den Wassern. Und es geschah so.
2. Da machte Gott die Feste und schied das Wasser unter der Feste vom Wasser über der Feste.

Hier wird sehr anschaulich deutlich, daß die Verfasser unserer Schöpfungsgeschichte zwei Quellenschriften benutzt haben.[96] Inhalt und Charakter der Darstellung werden durch die erste Quelle geprägt. Ihr Lobgesang auf Gott als den Schöpfer der Welt ist ausdrucksvoll und kraftvoll, kennt die Grenzen menschlicher Erkenntnis und verliert sich nicht in Behauptungen, die keiner nachvollziehen kann. Sie ist ein Hymnus, ein literarischer Lobpreis auf Gott, aber das ist nur die äußere Gestalt, die Hülle, denn sie verwendet sehr altes, tiefes und genaues Wissen um Zusammenhänge. Woher dieses Wissen stammt, ist nicht bekannt, ganz sicher ist es nicht am Schreibtisch enstanden.

Daneben finden wir eine andere Quelle, die dem Anschein nach älter und sehr viel handfester ist. Gott erscheint in ihr, wie in unserem Beispiel, als der Macher. Nicht mit dem Wort, sondern mit den Händen gestaltet er darin die Welt. Diese Quelle bewahrt vielleicht einen uralten Schöpfungsmythos. Aus dieser Quelle sind leider nur Bruchstücke erhalten geblieben. Ob sie ähnlich wie die Beschreibung des Menschen in 1. Mose 2 und 3 ursprünglich einen ganz anderen Inhalt hatte, läßt sich aus den noch vorhandenen Sätzen nicht mehr beurteilen.
Wir fragen danach, wie in der Bibel die Entstehung der Welt gesehen wurde, wie sorgfältig und genau Beobachtungen und Sinnzusammenhänge, die bis heute nicht überholt sind, beschrieben werden. Darüber gibt die erstgenannte Quelle Auskunft. An sie wollen wir uns halten.

Nun also zurück zum ersten Schöpfungstag!
Der Abschnitt über das Himmelsgewölbe steht, wie wir sehen, noch in unmittelbarem Zusammenhang mit dem Anfang der Schöpfung. Teile der Urflut werden durch eine Ebene von anderen Teilen der Urflut getrennt. Das kann man sich nur vorstellen, wenn dem Chaos am Anfang der Welt eine räumliche Ausdehnung zugestanden wird. Durch die Trennungsebene wird also nicht nur das Wasser getrennt, sondern vielmehr der Raum, und der Raum, der hier geteilt wird, wird als bereits vorhanden vorausgesetzt. Ohne das ausdrücklich auszusprechen, wußten die Verfasser des Schöpfungsberichts genau, was wir als Entdeckung neuzeitlicher Naturwissenschaften feiern: Mit der Materie zugleich entstehen Energie, Zeit und nun auch *Raum*. Raum entsteht nicht erst am ersten Tag; er ist bereits vorausgesetzt, es gab ihn schon vor dem ersten Tag!

Wir gehen in der Regel davon aus, daß sich die Menschen des Altertums den Himmel wie eine Käseglocke über der Erde vorstellten. Lange Zeit hat dieses Weltbild Einfluß auf die Vorstellungen der Menschen gehabt. Noch im späten Mittelalter haben Galileo Galilei und Johannes Kepler[97] erheblichen Ärger bekommen, als sie das in Frage stellten. Hier scheint geschildert zu werden, wie diese Glocke wohl zustande gekommen sein mochte. Wäre das so, wir würden es

glauben oder auch nicht, es würde sich nicht lohnen, daß wir uns weiter damit beschäftigten. Aber schauen wir genau hin: Da steckt viel mehr dahinter!
Wie heißt es noch? Die Feste, das Gewölbe, der Baldachin spannt sich durch die Urflut hindurch, trennt das Wasser darüber von dem darunter. Ob die Verfasser der Priesterschrift an ein durchsichtiges Himmelsgewölbe, einer Käseglocke vergleichbar, gedacht haben, wie die Übersetzung *Feste* ja nahelegt, ist schwer zu beurteilen. Daß unsere Bibelautoren beide Quellen nebeneinander zulassen, schließt solche Gedanken bei ihnen zumindest nicht aus. Neben dem *Gott sprach, es werde* der ersten Quelle in Vers 6, steht in Vers 7 die Version der zweiten Quelle: *Gott machte* und läßt dadurch den Eindruck entstehen, als wäre die Himmelsfeste tatsächlich etwas Stoffliches. Aber das Himmelszelt ist weder stofflich noch eine Halbkugel. Das Verb, von dem רָקִיעַ , *rakiah* (mit Feste übersetzt) abgeleitet wurde, רקע, *rakah*, heißt: sich ausbreiten. Man müßte also übersetzen: *Gott sprach, etwas, das sich ausbreitet, soll die Wasser trennen.* Bei einer Käseglocke denkt man an eine feste, klare Begrenzung, die zumindest unterhalb der Glocke einen definierten Raum entstehen läßt. Dagegen ist etwas, das sich ausbreitet, völlig offen, in keine Richtung bestimmbar. Nichts Stoffliches, etwa ein Tuch oder ein Gas, eine durchsichtige Plastikkuppel oder etwas ähnliches sollten wir uns vorstellen. Was es denn sei, das sich da ausbreitet, wird gerade nicht definiert, sondern offengelassen, so offen, wie der Himmel tatsächlich auch ist. Wir sollten uns dessen bewußt sein, daß das Himmelsgewölbe nicht greifbar, nicht berechenbar ist. Es ist da, wir sehen es, wenn wir in der Sonne liegend in den Himmel schauen oder über den Horizont hinweg in unbekannte Ferne blicken, aber wir können nicht bestimmen, wie weit wir schauen. Für die Entfernung Erde - Himmel gibt es keine Meßinstrumente. Wenn es denn einen begrenzten Raum unserer Welt im Universum gibt, wie wir ihn wahrnehmen, dann ist es ein undefiniert begrenzter Raum, endlich und unendlich zugleich. Dieser Raum ist umgeben von dem unendlich unbegrenzten Raum des Weltalls. Zwischen beiden scheinen unsere Augen eine Himmelskuppel zu sehen, die Feste, wie Martin Luther mißverständlich übersetzt. Ein riesiges Halbrund scheint sich über uns auszubreiten, das wir

das Himmelsgewölbe nennen. Die *rakiah* beschreibt und bestreitet gleichzeitig die Existenz eines Himmelsgewölbes. Was uns hier in 1. Mose 1, 6 - 8 geschildert wird, ist das anschaulichste und realistischste Bild dafür, wie man das Himmelsrund beschreiben und damit zugleich die Unendlichkeit und die Endlichkeit des Raumes zusammendenken kann.
Das entspricht der Erfahrung der Menschen. Ihre Welt ist begrenzt, nicht nur zeitlich und räumlich, überall trifft ihre persönliche Entfaltung auf Grenzen. Die Kuppel des Himmels steht für diese Grenze. Angesichts dieser Weite werden wir uns unserer Bedeutungslosigkeit bewußt. Den Himmel zu sehen läßt uns ahnen, daß wir die Grenze zur Unendlichkeit schauen und daß wir selbst nicht unendlich sind, daß wir sterben müssen. Es ist bestimmt nicht ganz zufällig, daß wir mit dem Himmel unsere Gedanken an Gott, an die Ewigkeit, an ein Leben vor und nach dem Tode in Verbindung bringen.

Die Verse stellen den Übergang dar vom Urknall vor Zeit und Raum hin zum Raum. Der Raum dehnt sich aus, es ist das erste Ereignis in der Zeit. Die Entdeckung des Raumes durch die Beschreibung des Firmamentes steht am Anfang der Entwicklungsschritte, die am Ende zum Leben auf der Erde führen. Dem Himmelsgewölbe ist zutreffend der erste Schöpfungstag gewidmet.
Weil es sich um die Erde herumzuspannen scheint, ist mit ihm gleichzeitig mit Endlichkeit und Unendlichkeit des Raumes beschrieben, wie die Erde als eigenständige Lebenswelt im unermeßlichen All herausgehoben ist. Wenn ganz am Anfang aller Entwicklung das Himmelsgewölbe als Grenze zum Universum beschrieben wird, dann grenzt sich der Bericht damit auch ab: Um die Erde wird es gehen, nicht um das All, nicht um ferne Galaxien, nicht um die Frage, ob das Universum ein Ende hat. Der Bericht wird die Entwicklung unserer Erde und des Lebens auf ihr schildern, nichts anderes.

Der Schlußsatz, *Und es geschah so*, weist hin auf die eigene Entwicklungsfähigkeit des Geschaffenen. Wir werden diesen Satz noch oft finden in der Schöpfungsgeschichte. Er bedeutet, daß wir uns Gott nicht vorzustellen haben als jemanden, der Hand anlegt, wenn Neues entsteht. Die Idee für eine fortschreitende Entwicklung ist damit ausgedrückt, das Neue ist bereits verborgen vorhanden in dem, was schon ist. Diese Idee lag von Anfang an dem Entwurf der Schöpfungsgeschichte zugrunde. Als aus dem Nichts die Materie heraustrat, waren damit zugleich schon Energie, Zeit, Raum und der Fluß der Entwicklung vorgegeben. Der Schöpfungsbericht beschrieb diese Zusammenhänge mit einem eindrucksvollen Bild: *Der Geist Gottes schwebte über dem Wasser.* Nicht die Materie allein, sondern Materie verbunden mit der bewegenden Kraft des Lebens bildete den Anfang. So meint nun das in jedem Entwicklungsschritt sich wiederholende *Und es geschah so*, daß dieses Teilhaben am Leben nun auch weiterhin in allem, was entsteht, als treibende Kraft für weitere Entwicklungsschritte vorhanden ist.

Niemand kann sagen, warum dieses und jenes gerade so geworden ist, wie es wurde; vieles hätte auch ganz anders werden können. Wir können immer nur nachträglich feststellen, wie Entwicklungen tatsächlich verlaufen sind und daß diese neuen Entwicklungen vorher schon angelegt waren. Schade, daß der Schöpfungsbericht in seiner Jetztgestalt den ursprünglichen Ansatz, der genau dies zum Ausdruck brachte, durch seine Erweiterungen und Wiederholungen verwässert.

Der zweite Tag der Schöpfung
Funkelnde Sterne
1. Mose 1, 14 -19

14 Und Gott sprach: Es werden Lichter an der Feste des
Himmels, die da scheiden Tag und Nacht und geben Zeichen,
Zeiten, Tage und Jahre und 15 seien Lichter an der Feste des
Himmels, daß sie scheinen auf die Erde. Und es geschah so. 16
Und Gott machte zwei große Lichter; ein großes Licht, das
den Tag regiere, und ein kleines Licht, das die Nacht regiere,
dazu auch die Sterne. 17 Und Gott setzte sie an die Feste des
Himmels, daß sie schienen auf die Erde 18 und den Tag und
die Nacht regierten und schieden Licht und Finsternis. Und
Gott sah, daß es gut war. 19 Und es wurde Abend und Mor-
gen, der (vierte) dritte Tag.

In den Überlegungen, wie die Schöpfungswoche wohl im Original geordnet gewesen sein mag, haben wir aus Gründen der Logik zwei Epochen umgestellt. Jetzt folgt dem Himmelsgewölbe am zweiten Schöpfungstag also die Entstehung des Sternenhimmels.

Wir haben es hier wieder mit einer zweifachen Erklärung zu tun wie im vorigen Abschnitt und scheiden die zweite Quelle, d.h. die Verse 16 bis 18 von dem Schlußsatz abgesehen, mit gleicher Begründung wie dort aus. Das bringt ein erstaunliches Ergebnis: Alle Mißverständnisse sind vom Tisch! [98]

Der Text, nun ohne die zweite Quellenschrift, hält sich in der Erklärung der Details sehr zurück, beschreibt, daß etwas entsteht, nicht wie es entsteht. Und er beschreibt die Entwicklung aus der Perspektive des beobachtenden und beeindruckten Menschen. Eine Erfahrung, die jeder Mensch schon gemacht hat, wird bestätigt: Da, wo der Himmel übergeht vom Raum, den wir uns noch vorstellen können, in den unendlichen Raum, dessen Ausdehnung unsere Vorstellung sprengt, wo wir etwas wie ein Himmelszelt ahnen, aber doch nicht sehen können, befinden sich Himmelskörper. Deutlicher als am Tage, wenn wir weit über den Wolken eine zweite Grenze ahnen, läßt sich bei einem Abendspaziergang das Himmelszelt wahrnehmen. Die Sternbilder, die Planeten und die unzähligen Sterne, sogar der Mond scheinen sich in jener Kuppel zu befinden, die wir das Himmelszelt nennen. Die Entfernungen zwischen den Sternen können wir ja mit unseren Augen nicht abschätzen, uns scheinen sie in einer Ebene zu liegen.

Die Sterne sind irgendwann einmal entstanden. Wann? Wer will das sagen? Alle zur gleichen Zeit? Sicher nicht. Wir wissen, der Prozeß ist noch lange nicht abgeschlossen, immer noch entstehen Sterne, andere sind längst wieder verschwunden. Ob die Verfasser das auch angenommen haben, läßt sich nicht sagen. Der Text deutet nichts dergleichen an, schließt diese Gedanken aber auch nicht aus. Dies alles spielt sich ab zu einer Zeit, die aus der Perspektive der Verfasser als fast so lange vergangen betrachtet worden sein mag wie die Urschöpfung. Für kosmische Zeiträume fehlt uns das Vorstellungsvermögen. Aber es ist deutlich, der Abschnitt ordnet die Entstehung der Gestirne als ein Ereignis in der Zeit ein. Nicht zuletzt deshalb ist die Funktion der Himmelskörper

zum Einteilen der Zeit so besonders betont. Dieser Hinweis verdient Beachtung, weil hier ganz eindeutig davon berichtet wird, daß die Enstehung der Himmelskörper und ihre Entfaltung einschließlich der Erde, im Unterschied zum plötzlichen Vorhandensein von Materie etc., der Zeit bedurfte. Den Autoren unseres Textes war deutlich, daß genau unterschieden werden muß: Das eine geschah in, das andere vor der Zeit. Gleiches gilt für den Raum. Die Beschreibung des Himmelszeltes vor den Himmelskörpern bringt zum Ausdruck, daß es nicht nur der Zeit bedurfte, daß sie entstanden, sondern auch des Raumes. Sie haben ihren Platz in der Zeit und im Raum, sie entstehen und vergehen. Von ihrer Vergänglichkeit spricht der Bericht nicht ausdrücklich, aber daß alles, was entsteht, auch vergeht, was geboren wird, auch stirbt, das wußten die Menschen damals genau. Wenn sie die Sterne als in der Zeit und in dem Raum entstanden gesehen haben, dann war damit auch deren Zeitlichkeit, deren Endlichkeit, ihre Position im Raum und ihr Ende mit ausgesagt.
Die Schöpfungsgeschichte, ein überholter Mythos? Für manchen Mitbürger sicherlich. Ich staune, daß man keinen modernen hochdotierten Wissenschaftsapparat brauchte, um die Abhängigkeit des »ewigen« Sternenhimmels von Zeit und Raum zu begreifen. Es ist die gleiche Abhängigkeit von Zeit und Raum wie die einer Eintagsfliege.
Der Schöpfungsbericht schildert die Entstehung der Welt mit den Augen des Betrachters, mit unseren Augen. Daß ein Himmelszelt vorhanden ist und Sterne darin stehen, wissen wir nicht gleich nach unserer Geburt. Langsam dehnt sich der Raum, den wir als Kleinstkinder wahrnehmen, aus. So ist es ganz natürlich, daß wir ein Raumgefühl entwickelt haben, lange bevor wir ahnen können, wie weit die Sterne von uns entfernt sind. Jedem von uns ist der Himmel eher begegnet als das Sternenzelt; diese Reihenfolge der Schöpfungstage stimmt mit unserer Entwicklung, mit unseren Empfindungen überein.
Die Verfasser hatten wenig Interesse an den kosmischen Kräften, aus denen die Sterne hervorgegangen sind, sie hatten wohl auch kaum Zugang dazu. Das zeigt sich vor allem daran, daß die Himmelskörper einzig in ihrer Bedeutung für die Menschen und für die Erde gesehen werden. Sie teilen die Zeit ein, Tage und Jahre, und sie geben Licht auf die Erde.

Obwohl der Schöpfungsbericht beeindruckend genau die Zusammenhänge darzustellen weiß, ist er doch nicht eine wissenschaftliche Studie im Sinne der Forschungsmethoden unseres Jahrhunderts. Er ist das Ergebnis langen Nachdenkens vieler Menschen über viele Generationen. Auch heute noch betrachten Menschen wie unsere Urahnen mit Bewunderung den Sternenhimmel, ergriffen von den sichtbaren und dennoch unbekannten Kräften, die er auf ihr Leben ausübt. Sie dürfen sich in der Gemeinschaft vieler anderer Bewunderer des Sternenhimmels sehen: *Und Gott sah, daß es gut war.*

Die Schöpfung ist damit noch lange nicht an ihr Ende gekommen, das Fortschreiten der Entwicklung läßt sich nicht aufhalten: *Und es ward Abend und es ward Morgen, der (vierte) dritte Tag.*

Der dritte Tag der Schöpfung
Uferpromenade
1. Mose 1, 9 - 10

9 Und Gott sprach: Es sammle sich das Wasser unter dem Himmel an besondere Orte, daß man das Trockene sehe. Und es geschah so. 10 Und Gott nannte das Trockene Erde, und die Sammlung der Wasser nannte er Meer. Und Gott sah, daß es gut war.

Das Geschehen außerhalb der Erdkugel gerät aus dem Blickfeld, nachdem Himmel und Sterne beschrieben sind, wie sie für die Erde, für uns Bedeutung haben. In konzentrischen Kreisen nähert sich der Bericht uns, den Betrachtern.
Die Schöpfungsgeschichte macht jetzt einen Riesensprung. In unser Weltbild übertragen, haben wir jetzt eine Erde und einen Himmel darüber vor uns. Das, was vorher *rakiah*, etwas, das sich ausdehnt, genannt wurde, heißt hier *schamajim*, das hebräische Pendant zu unserem Wort Himmel, zum englischen *sky*. Von jetzt an sind Himmel und Erde nicht mehr ein Zwillingsbegriff wie im ersten Vers, wo dieses Begriffspaar Materie bezeichnete. Sie sind nun getrennt, meinen den Himmel über uns und die Erde, auf der wir stehen. Aus der undefinierbar sich hinziehenden Trennung zwischen Raum und Unendlichkeit ist eine Trennungslinie geworden,

die sich der mathematischen Definition immer noch entzieht, aber als vorhanden erlebt werden kann. Wir können uns die Zeiträume nicht vorstellen, die vergangen waren, bevor sich ein Himmel über einer Erde ausdehnte, aber wir wissen, daß es gewaltiger Zeiträume dafür bedurfte. Das kommt in unserem Schöpfungsbericht ganz einfach - aber keineswegs naiv oder gar primitiv! - durch die Einteilung in Schöpfungstage zum Ausdruck.

Auf die Probleme der Forschung unserer Tage nach Entstehung und Entfaltung des Weltalls geht der Bericht nicht ein. Heute werden Milliardenprogramme in der Weltraumforschung aufgelegt, um gerade darüber etwas zu erfahren. Uns würde interessieren, wie es dazu gekommen ist, daß aus einer Urmaterie Atome mit Kern und Hülle wurden, aus den Atomen dann Moleküle und damit die Gase, Flüssigkeiten und festen Stoffe, mit denen wir es zu tun haben. Uns würde interessieren, wie Sonnen entstehen und Planeten, wie unsere Sonne entstanden ist und der Gürtel ihrer Planeten und damit unsere Erde. Nichts von alldem im Schöpfungsbericht. Wir sind Kinder des 20. Jahrhunderts, der Bericht aber stammt von Menschen, die mehr als 100 Generationen vor uns gelebt haben. Ihre Fragen meinen wir beantwortet zu haben, aber aus den Antworten sind unzählige neue Fragen erwachsen. Auf unsere Antworten und die neuen Fragen geht die Darstellung nicht ein. Sie überspringt, was man damals nicht fragte.
So sehen wir jetzt also einen Himmel und darunter eine Erde vor uns, eine Erde allerdings, die sich etwaigen damaligen Astronauten bestimmt nicht als blauer Planet präsentiert hätte. Denn dieser Name unseres Planeten kommt daher, daß er zu zwei Dritteln von den Weltmeeren bedeckt wird, und die gab es noch nicht. Bis die Erde soweit abkühlt, daß es zur Ausbildung einer Erdkruste kommt, bis die Gaswolke des neuen Planeten flüssige und dann am äußersten Rand feste Formen annimmt, dürfte der Trabant einige hundertmillionen Mal um die Sonne gekreist sein, und bis die Erdkruste eine entfernte Ähnlichkeit mit ihrer heutigen Oberfläche annahm, sicher noch einmal so lange. Dann begannen die überreichlich vorhandenen Substanzen Silizium, Wasserstoff und Sauerstoff jene Verbindungen einzugehen, die uns heute er-

lauben, durchs Gebirge zu wandern und im Meer zu schwimmen, SiO_2 und H_2O. Als die Sauerstoff-Wasserstoff-Verbindung, das Wasser, allmählich aufhörte, immer sofort zu verdampfen, floß Wasser in die Täler der zerklüfteten Oberfläche. Die Trennung von Meer und Land vollzieht sich wie alles Natürliche in der Eigendynamik des Geschaffenen. Eine andere Deutung läßt unser Text nicht zu. Gott ist nicht wie ein Kind, das am Strand eine Insel ins Wasser baut. Absurd, sich vorzustellen, daß Gott Meere aushebt und Berge aufschüttet. Er spricht: *Es werde*, und das meint, daß wir das Erscheinungsbild der geologischen Formationen trotz aller physikalischer und chemischer Erklärungen als Wunder begreifen dürfen. Es ist gut, wenn wir uns dessen bewußt sind, daß der Bericht diese Kräfte in der Natur anspricht, dann brauchen wir uns nie wieder darüber zu streiten, wie Gott seine Arbeit macht. Der Gott jüdischen, christlichen oder islamischen Glaubens braucht in dieses Geschehen nicht einzugreifen.
Die Entwicklung führte faktisch zu der Welt, in der wir leben. Zwangsläufig mußte das nicht so sein, die Entwicklung hätte auch ganz andere Bahnen einschlagen können. Für uns ist die Welt, so wie sie ist, die beste aller denkbaren Welten, weil wir für sie wie geschaffen sind - und sie für uns. Wir dürfen genießen, an ihr teilzuhaben: *Gott sah, daß es gut war.*

Mit dieser Zäsur wird der Schöpfungsabschnitt beendet. Ein nächster Tag wird an dieser Stelle nicht angekündigt. Er fiel der neuen biblischen Schöpfungslogik zum Opfer. Das soll uns nicht hindern, den Gräsern und Bäumen, den Pflanzen als die der Erde am nächsten verbundenen Lebewesen, den neuen, den vierten Schöpfungstag zu widmen.

Der vierte Tag der Schöpfung
Steine beginnen zu blühen
1. Mose 1, 11 -13

11 Und Gott sprach: Es lasse die Erde aufgehen Gras und
Kraut, das Samen bringe, und fruchtbare Bäume auf Erden,
die ein jeder nach seiner Art Früchte tragen, in denen ihr Sa-
me ist. Und es geschah so. 12 Und die Erde ließ aufgehen
Gras und Kraut, das Samen bringt, ein jedes nach seiner Art,
und Bäume, die da Früchte tragen, in denen ihr Same ist, ein
jedes nach seiner Art. Und Gott sah, daß es gut war. 13 Und
es ward Abend, es ward Morgen, der (vierte) fünfte Tag.

Der Gedanke der Eigendynamik des Geschaffenen gewinnt nun ungeheure Bedeutung: *Die Erde lasse hervorgehen Gras und Kraut.* Es wird grün und bunt auf der Erde. In dem Kapitel über den Menschen hieß es, daß er, der Mensch aus Erde genommen sei, Sie erinnern sich: *Adam* aus der *adama*, Gott machte den Menschen aus der Ackererde, hieß das in der Übersetzung. Im Zusammenhang hier, in der Schöpfungsgeschichte heißt Erde nicht *adama* sondern *erez*, meint die Erde als Himmelskörper. Die Begriffe stellen klar, daß ein ganz unterschiedlicher Enstehungsprozeß gemeint ist. Im Unterschied zum Menschen, der seinen Körper aus organischen Stoffen aufbaut, können Pflanzen anorganische Substanzen zu organischen Stoffen umbauen. Nicht erst die Adama, schon die Erez bringt Leben hervor! Niemand zweifelt daran, daß die Ackererde, der Mutterboden, Grundlage neuen Lebens ist; aber das tote Gestein eines Planeten...? Genau das jedoch ist gemeint. Die Erde bringt Lebensformen hervor, die nach heutiger Ausdrucksweise aus anorganischen organische Substanzen erzeugen, Lebewesen, die noch so unmittelbar mit der Erde verbunden sind, daß sie aus Erde gemacht erscheinen. Nur Pflanzen sind in der Lage, die Mineralien des Bodens, das Kohlendioxyd der Luft und das Licht der Sonne zu einer ganz neuen Weise von Materie zusammenzubinden.

Eine der ältesten, wichtigsten und meistdiskutierten Fragen der Menschheit kommt hier zur Sprache. Woher kommt das Leben auf der Erde? Wir haben viele Theorien gehört, manche Hypothese belächelt. Diese alte weise Stellungnahme, die wir in unserer Geschichte finden, hat dabei kaum eine Rolle gespielt. Und doch zeigt sie uns, daß die Antwort so einfach ist, wie alle großen Dinge einfach sind. Irgendwann wird es möglicherweise einem Chemiker, der dann bestimmt mit dem Nobelpreis ausgezeichnet wird, gelingen, in einem Reagenzglas aus unbelebten Stoffen eine Verbindung herzustellen, die sich selbst reproduzieren kann. Er wird diese organische Verbindung die einfachste Form des Lebens nennen. Dann werden noch lange nicht alle Fragen in diesem Zusammenhang beantwortet sein, aber wir werden wissen, daß nicht irgendein Virus von einem anderen Stern gekommen ist, um die Erde zu beleben. Das Leben, werden die Menschen dann sagen, stamme aus der unbelebten Materie, als wäre das nichts Verwunderliches. Darin, daß die Zusammenhänge so gesehen werden, ist das Wissen in diesem alten Text unserem Wissen weit voraus. Denn in Wahrheit ist es nur deshalb nicht verwunderlich, daß lebende Pflanzen aus totem Sand entstehen, weil es keine unbelebte Materie gibt. Leben ist wie das Sein ein allumfassender Begriff, und nichts, was ist, ist ohne Sein und ohne Leben. Damit ist auch deutlich, warum in der Beschreibung der Schöpfung ganz am Anfang, noch vor dem ersten Tag, soviel Wert darauf gelegt wurde, daß der Geist Gottes über dem Wasser schwebte (V. 2c). Es bedeutet, daß von allem Anfang an mit dem Geschaffenen Leben verbunden ist, ganz verborgen und keinem Meßinstrument zugänglich. Mit dem Entstehen von Gräsern und Bäumen wird es zur erfahrbaren Wirklichkeit.

Am wichtigsten in dem Auftreten von organischem Leben scheint zu sein, daß die Gräser, Pflanzen und Bäume Früchte und Samen hervorbringen. Daß gerade diese und nur diese Tatsache herausgehoben ist, zeigt, wie genau der Bericht die wesentlichen Schritte in der Entwicklungsgeschichte sieht und deren Kern trifft: Organisches Leben zeichnet sich dadurch aus, daß es sich reproduziert und sich damit gleichzeitig verändert und weiterentwickelt. Es ist schon beeindrukkend, wenn man sich vergegenwärtigt, wie vollkommen und logisch ein Rad der Entwicklungsgeschichte in das andere greift, wie eins aus dem anderen hervorgeht: *Gott sah, daß es gut war.*

Aber die Entwicklung schreitet nur langsam voran, so langsam, daß sie in den einzelnen Etappen stehen zu bleiben scheint. Dazu paßt schlecht, daß Gott, wenn wir unkritisch dem Text folgen, als großer Zauberer dargestellt wird, der mit seinem Abrakadabra in einem Nu alles entstehen läßt. Von den Redaktoren und Interpreten unseres Textes kaum beachtet, spielen die Nächte, die scheinbaren Pausen im Fortschreiten der Entwicklung eine große Rolle: *Und es wurde Abend, es wurde Morgen, der nächste, der fünfte Tag.*

Der fünfte Tag der Schöpfung
Amöben und Viren
1. Mose 1, 20 - 23

20 *Und Gott sprach: Es wimmle das Wasser von lebendigem*
Getier, und Vögel sollen fliegen unter der Feste des Himmels.
21 *Und Gott schuf große Walfische und alles Getier, das da*
webt und lebt, davon das Wasser wimmelt, ein jedes nach
seiner Art. Und Gott sah, daß es gut war. 22 *Und Gott segne-*
te sie und sprach: Seid fruchtbar und mehret euch und erfüllet
das Wasser im Meer, und die Vögel sollen sich mehren auf
Erden. 23 *Und es ward Abend, es ward Morgen, der (fünfte)*
sechste Tag.

Das entstandene Leben beginnt das Ganze der Welt zu erobern. Nicht die Erde allein, auch der Raum darin und darüber erfüllt sich mit Lebendigem. Nicht nur der feste Boden der Erde, alles ist voller Leben. *Die Gewässer sollen sich beleben, sich bewegen, Kleinstgetier lebt als Leben; und Vögel fliegen über der Erde vor dem Gewölbe des Himmels.* Für ein Leben, das nicht mehr unmittelbar mit dem Erdboden verbunden ist, sind Pflanzen ungeeignet. Die Entwicklung geht weiter, es entstehen Formen des Lebens, die sich im Raum frei bewegen können.

Wir sind gewohnt anzunehmen, daß alles Leben aus dem Wasser kommt. Wenn wir bedenken, wie sorgfältig und genau unser Text die Entwicklung wiedergibt, sollten wir aufmerksam hören, daß auch hier zunächst vom Leben im Wasser geredet wird. Von dort her breitet es sich im gesamten Raum unterhalb des Himmelsgewölbes aus.

Das Hebräische gibt etwas versteckt noch einen anderen wichtigen Hinweis. Mit dem *scharez*, dem winzigen Getier im Wasser, werden die Begriffe *näfesch* (= Atem, Seele), und *chajah* (= leben) verbunden.[99] Wenn diese drei Wörter hintereinandergelesen auch kaum übersetzbar sind, ist doch deutlich, daß die Schöpfungsgeschichte den Tieren eine andere Lebensqualität zumißt als den Pflanzen. Sie haben sichtbareren Anteil am Leben. Mit ihrem Atmen war die Vorstellung einer Seele verbunden. Der Geist Gottes, das Leben, das zunächst ganz verborgen zu dem Geschaffenen hinzutritt (V. 2), bei dem Auftreten der Flora geahnt werden konnte (V. 12), findet jetzt zum ersten Mal seinen sichtbaren Ausdruck. Das bedeutet aber nun nicht, daß diesen Lebewesen ein unbegrenzter Lebensraum gegeben wird. Davor schiebt der zweite Halbsatz einen energischen Riegel: *Vögel fliegen über der Erde unter der rakiah h'schamajim*, unter dem, wo sich der Himmel ausbreitet. Nur hier finden wir beide Bezeichnungen des Himmels miteinander verbunden vor.[100] Die Rakiah, jene imaginäre Trennungsebene des ersten Schöpfungstages, grenzt den Lebensraum ein zwischen der Endlichkeit der Erde und der Unendlichkeit jenseits des Himmelsgewölbes. Beliebig hoch können Vögel nicht fliegen, soll das heißen, denn sie sind Teil der Erde, nicht des Himmels.

Die folgenden Verse 21 und 22[101] können wir getrost übergehen, weil sie weder im Inhalt noch im Stil zu unserem Bericht passen. In der Doppelung und Übertreibung, die wir in diesen Versen finden, drückt sich allerdings aus, daß auch die Verfasser unseres Textes das ganz Besondere dieses Schöpfungstages gesehen haben: *Gott sah, daß es gut war.*

Die Entwicklung des Lebens blieb nicht bei Moosen und Amöben stehen. Der neue, der sechste Tag, bringt die Schöpfung dem Menschen immer näher: *Da ward aus Abend und Morgen der (fünfte) sechste Tag.*

Der sechste Tag der Schöpfung
Von Dinosauriern und Hauskatzen
1. Mose 1, 24 - 25

24 Und Gott sprach: Die Erde bringe hervor lebendiges Getier, ein jegliches nach seiner Art: Vieh, Gewürm und Tiere des Feldes, ein jedes nach seiner Art. Und es geschah so. 25
Und Gott machte die Tiere des Feldes, ein jedes nach seiner

Art, und das Vieh nach seiner Art und das Gewürm des Erbodens nach seiner Art. Und Gott sah, daß es gut war.

Ein neuer Tag, eine neue Epoche; die Formen des Lebens werden vielfältiger, differenzierter, rücken in die Nähe des Lebensraumes der Menschen, erobern sich das feste Land. Wieder die zweifache Beschreibung in Vers 25 fortgelassen, teilt uns dies unser Text auffällig nüchtern mit: Wie vorher schon bei den Pflanzen läßt er keine Spur von Begeisterung über die Größe des Elefanten, die Kraft des Tigers oder die Pfiffigkeit der Erdmännchen erkennen. Gerade in dieser zurückhaltend nüchternen Sprache aber ist er ganz bei der Sache. Nur das wird mitgeteilt, was den Ablauf der Entwicklung so kurz und umfassend wie möglich beschreibt. Dazu gehört dann eben nicht die Schönheit einer Rose oder die stolze Pracht, die ein Pfau entfalten kann. Auch daß Tiere Nachkommen haben, sich vermehren, wird nicht einmal erwähnt, obwohl die Menschen damals auch sicher gern ein Tierbaby gestreichelt haben. Bei den mit der Erde verbundenen Pflanzen und den ersten sich frei bewegenden Lebewesen wurde davon geredet. Hier ist es nicht mehr nötig, denn hier entsteht nicht etwas grundsätzlich Neues.
Trotz dieser Zurückhaltung ist mit der Entstehung der Säugetiere aus der Perspektive der Menschen ein gewaltiges Ereignis eingetreten. Die Entwicklungsgeschichte kommt ihnen immer näher. Selbstverständlich sind die Säuger nicht zufällig unmittelbar vor den Menschen erwähnt. Sie sind mit uns verwandt, bedeutet das. Darwin war nicht der erste, der davon wußte.
All dies ringt der Menschheit Bewunderung ab; staunend erkennt man die Kette der Dinge: *Gott sah, daß es gut war.*

Der siebente Tag der Schöpfung
Jetzt sind wir endlich dran
1. Mose 1, 26 - 31

26 *Und Gott sprach: Lasset uns Menschen machen, ein Bild,*
das uns gleich sei, die da herrschen über die Fische im Meer
und über die Vögel unter dem Himmel und über das Vieh
und über alle Tiere des Feldes und über alles Gewürm, das
auf Erden kriecht. 27 *Und Gott schuf den Menschen zu sei-*

nem Bilde, zum Bilde Gottes schuf er ihn; und schuf sie als
Mann und Weib. 28 Und Gott segnete sie und sprach zu ih-
nen: Seid fruchtbar und mehret euch und füllet die Erde und
machet sie euch untertan und herrschet über die Fische im
Meer und über die Vögel unter dem Himmel und über das
Vieh und über alles Getier, das auf Erden kriecht. 29 Und
Gott sprach: Sehet da, ich habe euch gegeben alle Pflanzen,
die Samen bringen, auf der ganzen Erde, und alle Bäume mit
Früchten, die Samen bringen, zu eurer Speise. 30 Aber allen
Tieren auf Erden und allen Vögeln unter dem Himmel und
allem Gewürm, das auf Erden lebt, habe ich alles grüne
Kraut zur Nahrung gegeben. Und es geschah so. 31 Und Gott
sah an alles, was er gemacht hatte, und siehe, es war sehr gut.

Von Anfang an hat die Schöpfungsgeschichte den Menschen im Blick. Eine konsequent durchgehaltene gerade Linie führt vom Urknall - und damit von den Bedingungen und Begrenzungen des Lebens in Zeit und Raum - über die Darstellung der Welt als Welt der Menschen mit Himmel und Erde zu den verschiedenen Formen des Lebens in Pflanze und Tier. Am Ende dieser Linie steht der Mensch, Krone der Schöpfung.
Mancher Kritiker der Religion wird es als Ausdruck von Hochmut empfinden, daß sich der Mensch an die Spitze der Schöpfung setzt, wird Gott Ungerechtigkeit und Parteilichkeit vorwerfen. Sein Widerspruch ist durchaus berechtigt. Wie sollten wir auch annehmen können, daß die Entwicklung mit dem Auftreten der Menschheit an ihr Ende gekommen sei? Alle Erkenntnisse der Astronomie, der Physik und der Chemie sagen uns, daß das Weltall sich weiter entfaltet, das Erdinnere sich weiter abkühlt, die Entwicklung noch in vollem Gange ist. So kann man davon ausgehen, daß intelligentere Lebewesen uns Menschen eines Tages überflügeln oder uns gar von der Erde verdrängen werden. Wie die Entwicklung weitergeht, wird keiner sagen können, wohl aber, daß sie weitergeht. Welche Rolle die Menschen eines fernen Tages dabei spielen werden, wer will das wissen können? Dennoch ist die Sichtweise der Schöpfungsgeschichte berechtigt, den Menschen als Ziel der Entwicklung, als Krone der Schöpfung anzusehen, denn wir sind es, die den Ablauf des Geschehens zu erfassen versuchen. Wir haben gese-

hen, daß man den Uranfang nur aus der Sicht des Geschaffenen verstehen kann, so kann die Entwicklung im weiteren Verlauf auch nur aus der Sicht dessen verstanden werden, der an ihrem Ende steht, sei es auch nur vorläufig.
Die Schöpfungsgeschichte stellt die Entwicklung der Welt von der formlosen Urmasse bis zu hochkomplizierten Ausformungen der Natur dar, vom Urknall bis zu den Menschen. Man kann ihren differenzierten Überlegungen und ihrer genau überlegten Darstellung vernünftigerweise nicht widersprechen, solange man der Quelle folgt, der wir gefolgt sind. Nur dadurch, daß wir uns unter verschiedenen Quellenschriften für eine entschieden, ergab sich eine überzeugend klare Linie, die unzweifelhaft zu uns, den Menschen führte. Aber die Überlieferung dieser Schilderung hat einen erheblichen Schönheitsfehler: Sie ist nicht zu Ende geführt, sie überliefert uns nicht, was die Quelle, der wir bisher unsere Erkenntnisse entnahmen, über das Auftreten der ersten Menschen zu berichten wußte. Sehen wir uns die Verse einmal genau an:
Der voraufgegangene sechste Schöpfungsabschnitt (-tag) hat auffallend nüchtern und ohne jedes Pathos von den Landtieren berichtet. Er endet mit der vertrauten Zäsur Vers 25c *Gott sah, daß es gut war.*[102]
Der neue, der letzte Tag der Schöpfung beginnt noch wohlbekannt: *Und Gott sprach* (26a), fährt dann aber stilistisch so vollkommen anders fort, daß jeder erkennen kann, dieser Stil paßt nicht zu den anderen Teilen der bisherigen Quellenschrift. Die erste und einzige Formulierung, die zweifelsfrei zu dem Bisherigen gehört, ist dann erst wieder die Mitteilung *Und es geschah so* (30b). Dazwischen stehen viele höchst interessante und aufregende Dinge über den Menschen, die mit seiner Entstehung allerdings nichts zu tun haben: Die Aussagen in den Versen 26 - 30 beschreiben den Menschen in seiner Gottebenbildlichkeit als Beherrscher aller anderen Lebewesen (26) und als Gottes Ebenbild in seiner Gestalt (27), geben ihm den Auftrag, sich zu vermehren und zu herrschen (28) und teilen Mensch und Tier ihre Nahrung zu (29 / 30). Nichts von alledem gibt Auskunft über die Herkunft von uns Menschen. Alle Aussagen in diesen Versen stammen aus anderen Quellen.

Die Einleitung dieses Abschnitts, *Und Gott sprach* (26a), wird einen vergleichbaren Imperativ als Fortsetzung gehabt haben wie vorher, als Neues aus Vorhandenem entstehen sollte. Ein solcher Befehl hätte an die Tiere oder an die Menschen gerichtet sein müssen. Er fehlt.

Der Satz 26b, *Lasset uns Menschen machen, ein Bild, das uns gleich sei, die da herrschen über...* stammt aus einem Kulturkreis, der den Monotheismus nicht kannte. Der Gottesbegriff *elohim* ist ein Pluralbegriff, wird im Alten Testament aber fast ausschließlich als Singular benutzt, wie in der Formulierung *Gott sprach*. Wenn Elohim dann doch einmal in der Mehrzahl, Götter, verwandt wird[103], kann man annehmen, daß es sich nicht um original israelitische Glaubensaussagen handelt. Die Quelle dieses Satzes ist sicher eine andere als die, der wir bisher gefolgt sind.

Der nächste Satz (27), *Gott schuf den Menschen zu seinem Bilde, zum Bilde Gottes schuf er ihn; und schuf sie als Mann und Frau*, erweist sich allein schon durch die dreimalige Verwendung des Verbs *bara* (schaffen aus dem Nichts) als Teil einer eigenen Tradition. Daß der Mensch aus dem Nichts entstanden sei, eine Neuschöpfung, paßt sowenig zu dem, was wir darüber wissen, wie zu dem Duktus des Schöpfungsberichtes. Es handelt sich, wie die feierlich getragene Sprache verrät, um einen Teil aus einem liturgischen Text.

Die folgende Segensformel (28), *Und Gott segnete sie und sprach zu ihnen: Seid fruchtbar und mehret euch und füllet die Erde und machet sie euch untertan und herrschet über die Fische im Meer...*, sagt über die Herkunft der Menschen nichts aus. Dieser Vers bewegt sich in dem Denken der Quelle, der wir bereits in Vers 22 begegnet waren. Dort wurden die Lebewesen im Wasser durch den Segen zur Ausbreitung animiert, hier wird der Segen anders als bei den Säugern wiederholt und durch den Herrschaftsauftrag erweitert. Da sich der Schöpfungsbericht auf die Entstehung dessen, was ist, beschränkt, wird man die Segensformel hier bei den Menschen als sekundär betrachten müssen.

Nicht anders ist es mit dem Schluß der Beschreibung des Menschen: *29 Sehet da, ich habe euch gegeben alle Pflanzen... zu eurer Speise. 30 Aber allen Tieren... habe ich alles grüne Kraut zur Nahrung gegeben.* Der zweite der beiden Sätze

(30) teilt uns mit, daß Tiere Pflanzen fressen. Abgesehen von der naiven Ungenauigkeit dürfte dies mit der Entstehung der Menschheit nicht allzuviel zu tun haben. Ähnlich ist es mit dem Satz (29), der die Menschen zwar privilegiert, daß sie auch die Früchte der Bäume essen dürfen, aber auch das hat mit unserer Herkunft wenig zu tun, denn nach dem, was wir essen, war gar nicht gefragt. Außerdem werden die Verfasser wohl kaum ausschließlich Vegetarier gekannt haben. Wie dem auch sei, die Sätze 29 und 30 gehören offensichtlich nicht zu der alten Textvorlage.

Vier ganz unterschiedliche Quellenschriften lassen sich für diesen Abschnitt ausmachen, diejenige, der wir bis hierher den Text verdanken, ist nicht dabei. Zwischen dem einleitenden *Und Gott sprach* und dem abschließenden *Und es geschah so* finden wir also kein einziges Wort aus jener Quellenschrift zur Schöpfung, die uns bisher so viele Geheimnisse gelüftet hat. Wie ist so etwas möglich? Um diese Frage beantworten zu können, sind wir auf Hypothesen angewiesen. Dabei müssen wir uns vor Augen halten, daß die Schöpfungsgeschichte im Tempel vorgelesen wurde, also für gottesdienstliche Zwecke gedacht war. So fiel die ursprüngliche Darstellung über das Auftreten des Menschen den Liturgen vermutlich viel zu nüchtern aus, stellte ihnen zu wenig das Besondere des Menschen heraus. Deshalb wurde der Bericht mehrfach ergänzt und erweitert, bis am Ende das Original ganz fortfiel. Das läßt nun den Rückschluß zu, daß der ursprüngliche Bericht das Werden der Menschen ähnlich unpathetisch mitteilte wie etwa die Entstehung von Pflanzen und Tieren. Ob diese Quellenschrift dennoch etwas für den Menschen Typisches ausgesagt hat, und was es denn wohl gewesen sein mag, wäre sicher hochinteressant, ist aber leider nicht mehr zu rekonstruieren.

Der Bericht von der Entstehung der Welt schließt mit der bewundernden Faszination über die gesamte Schöpfung. *Und Gott sah an alles, was er gemacht hatte, und siehe, es war sehr gut.*

Diese abschließende Bewertung als sehr gutes Ergebnis unterscheidet sich deutlich von der bekannten Formulierung *Gott sah, daß es gut war*, durch die Erweiterung *alles, was er gemacht hatte*. Diesen Zusatz werden wir der zweiten

Quelle des Schöpfungsberichtes zuordnen müssen. Das geht aus dem in jener Quelle häufig verwendeten Verb *'asah'*, machen, hervor; denn wir hatten ja gesehen, daß diese Formulierung mit dem *Gott sprach, es werde* unvereinbar war. Die nach diesem Schluß noch folgende Bemerkung, daß man diesen Tag doppelt ungenau und unrichtig aus Abend und Morgen als sechsten Tag zählte, werden wir auf das Konto derer schreiben müssen, die den Bericht für ihre Zwecke ergänzt und verändert haben. Der Satz hätte richtig heißen müssen: *Es ward Abend, es ward Morgen, der siebente Tag*, und gehört hinter den Bericht über die Landtiere, nach Vers 25.

Schlußbemerkung

Von unserer alttestamentlichen Schöpfungsgeschichte, allen Zierrat, alle Zusätze weggestrichen, bleibt ein erstaunlich nüchterner und genauer Bericht über die Entstehung der Welt und des Lebens. Unsere Ausgangsfrage, ob Bibel oder Wissen recht haben, erledigt sich damit, denn beide Antworten gründen in dem gleichen Nachfragen und Nachdenken über all die Wunder, die uns umgeben. Wo immer ein Forscher die Zusammenhänge in der Entwicklung des Weltalls oder in der Evolution des Lebens darstellt, tut er es mit der gleichen Präzision und Faszination wie unser Schöpfungsbericht es ursprünglich auch tat. Mögen manche Forschungsergebnisse auch durch verbesserte Methoden und Instrumente besser belegbar erscheinen, unser Bericht zeigt, daß auch schon unsere Ururahnen durchaus denken konnten.

Dennoch ist ja unbestreitbar der Schöpfungsbericht ins Zwielicht des Hinterwäldlertums geraten. Das konnte nur dadurch geschehen, daß religiös-ideologische Gesichtspunkte dem Erkenntnisstand übergeordnet wurden. Die Endredaktoren unseres Textes haben gemeint, indem sie andere Quellen in die Schilderung hineinnahmen und den Ablauf des Geschehens ihrer Religion anpaßten, indem sie die Zählung der Schöpfungstage veränderten und einen Ruhetag für Gott einplanten, ihrem Gott größere Ehre zu erweisen. Sie haben sich geirrt. An die Stelle weisen Nachdenkens haben sie ihre Religion und ihren Gott gesetzt und damit das Denken dem Glauben untergeordnet. Schade. Ich meine, daß der Bericht, den wir betrachtet haben, eine bessere Behandlung verdient gehabt hätte. Wo immer religiöse Gruppen von ihren Mitgliedern verlangen, daß sie den Glauben höher einschätzen sollen als ihr Wissen, fördern sie Stagnation, Ausgrenzung und Unfrieden. Die Schöpfungsgeschichte ist dafür ein gutes Beispiel, zeigt sie doch in ihrer vorliegenden Bearbeitung, daß die Endredaktoren manche Zusammenhänge unter dem Primat der Religion verzerrten, weil sie sie nicht gesehen haben oder nicht sehen wollten.

Der Schöpfungsbericht, den wir aus 1.Mose 1 herausgelöst unserer Betrachtung zugrunde gelegt haben, soll den Abschluß unserer Überlegungen zur Schöpfung bilden:

Der Schöpfungsbericht in vorbiblischer Gestalt

1. Mose 1, 1 - 31

1, 1 Am Anfang schuf Gott Himmel und Erde. 2 Und die Er-
de war wüst und leer, und es war finster auf der Tiefe; und
der Geist Gottes schwebte auf dem Wasser.
3 Und Gott sprach, es werde Licht! Und es ward Licht. 4 Und
Gott sah, daß das Licht gut war. Da schied Gott das Licht
von der Finsternis 5 und nannte das Licht Tag und die Fin-
sternis nannte er Nacht. Da ward aus Abend und Morgen

der 1. Tag:
6 Und Gott sprach, es werde eine Rakiah (etwas, was sich
ausdehnt*) zwischen den Wassern. 7b Und es geschah so. 8 Und*
Gott nannte die Rakiah Himmel. Und es wurde Abend und
Morgen,

der 2. Tag:
14 Und Gott sprach, es werden Lichter an der Rakiah des
Himmels, die da scheiden Tag und Nacht und geben Zeichen,
Zeiten Tage und Jahre 15c Und es geschah so. 18c Und Gott
sah, daß es gut war. Und es wurde Abend und Morgen,

der 3. Tag:
9 Und Gott sprach, es sammle sich das Wasser unter dem
Himmel an besondere Orte, daß man das Trockene sehe.
Und es geschah so. 10c Und Gott sah, daß es gut war. (z.erg.
es ward Abend und Morgen,

der 4.Tag):
11 Und Gott sprach, es lasse die Erde aufgehen Gras und
Kraut, das Samen bringe, und fruchtbare Bäume auf Erden,
die ein jeder nach seiner Art Früchte tragen, in denen ihr Sa-
me ist. Und es geschah so. 12c Und Gott sah, daß es gut war.
Und es ward Abend, es ward Morgen,

der 5. Tag:
20 Und Gott sprach, es wimmle das Wasser von lebendigem
Getier, und Vögel sollen fliegen unter der Rakiah des Him-
mels. 21c Und Gott sah, daß es gut war. 23 Und es ward
Abend, es ward Morgen,
der 6. Tag:

24 Und Gott sprach, die Erde bringe hervor lebendiges Ge-
tier, ein jegliches nach seiner Art: Vieh, Gewürm und Tiere
des Feldes, ein jedes nach seiner Art. Und es geschah so. 25c
Und Gott sah, daß es gut war. (z. erg. es ward Abend, es
ward Morgen,

der 7. Tag):
26 Und Gott sprach, ... (z. erg. die Erschaffung der Men-
schen) ... *30b Und es geschah so. 31 Und Gott sah, es war sehr*
gut.

Der Bericht über den Feiertag (1. Mose 2, 1 - 4a) fällt weg.

WAS IST RELIGION ?

Wo blieb nun Gott?

Bei der Betrachtung der verschiedenen Erzählungen in den Urgeschichten des ersten Mosesbuches ist uns aufgefallen, daß Gott in ihnen keineswegs eine so dominante Rolle spielte, wie wir immer geglaubt haben. Manchmal hat man das Gefühl, daß die Rede von Gott eher befremdlich ist, die Inhalte eher verstellt als erhellt. Wo unsere Texte von Gott redeten, meinten sie damit höchst unterschiedliche Dinge: In der Beschreibung des Menschen wechselte die Rolle Gottes. Bei der Zeugung und in der Kindheit nahm Gott den Part wahr, den wir Natur nennen; die natürliche Entstehung und Entwicklung wurde als Handeln Gottes beschrieben. Den Heranwachsenden erschien Gott als Urgrund ihrer Ängste und später als Garant der gesellschaftlichen Norm. Den Erwachsenen war Gott das unabänderliche Fatum, das Schicksal, das es auszuhalten gilt. Anders bei Kain. Der Gott, dem er opfert, ist der Gott in ihm, seine innere Mitte, Ausdruck seiner Individualität. Für Kain wurde der bigotte Kult des Abel zum Auslöser seines Hasses; den, der in seiner überheblichen Art Gott zu lieben vorgibt, möchte er am liebsten umbringen. In der Noahsage wird Gott als die Kraft gesehen, die Macht garantiert und das Volk kulturell zusammenschließt. Gleichzeitig wird der Untergang der Mächtigen aus der Sicht der ehemals Unterdrückten gedeutet, als ob Gott sie in ihre Schranken weist. Schließlich sagt der Hymnus auf Gott in der Schöpfungsgeschichte inhaltlich nichts anderes als das, was unserem Denken auch ohne Zutun einer Gottheit zugänglich ist; der Versuch, zu begreifen, wie denn die Entstehung und Entfaltung der Welt in ihrer atemberaubenden Vielfalt zustande gekommen sein mag, fand in der Darstellung einen imposanten Ausdruck. Als störend wirkte sich in ihr aus, daß die Hüter der Religion diese Darstellung durch Zusätze verfremdeten; ihr Gott war eine Metapher für die Wirkungskräfte in der Entwicklung.

Damit stellt sich die Frage, wovon wir eigentlich reden, wenn wir Gott sagen. Es ist die Frage nach dem Sinn von Religion.

Darf man darüber reden?

Wir leben in einer Zeit, wo Religion und Christentum auch im Bewußtsein der Menschen, die sich sonst nicht sehr um solche Fragen kümmern, nicht mehr zusammengedacht werden. Wer heute von Religion spricht, spricht auch im christlichen Abendland nicht unbedingt vom Christentum. Christlicher Glaube ist eine Religion unter vielen geworden. Leicht gesagt, oft beobachtet, verunsichert diese banale Erkenntnis dennoch viele Gläubige nicht nur unter den Christen, denn sie meinen, ihr Glaube sei die Wahrheit, alle Andersgäubigen aber müßten dementsprechend zu diesem einen wahren Glauben hingeführt werden. Wenn wir allerdings die nicht zu übersehende Wirklichkeit zur Kenntnis nehmen, daß es viele Religionen gibt, dann hilft sie uns, über das Wesen von Religion nachdenken zu können, ohne einander zu verletzen. Wir wollen nicht Wahrheiten gegeneinander abwägen.

Religion gibt es, seit es Menschen gibt. Religionen können sich anpassen, sich verändern, sich überleben und von anderen Religionen verdrängt werden, aber immer haben Menschen Religion.

Zwar wenden sich viele von den etablierten Religionsgemeinschaften ab, aber das bedeutet nicht, daß sie nicht mehr religiös sind. Sagen nicht alle aus der Kirche Ausgetretenen, daß auch sie ihren Glauben, ihren Gott haben? Sie können sich wohl z.B. von der Kirche abmelden, aber nicht von ihrem Gefühl und ihrem innersten ahnungsvollen Wissen um eine unbegreifbare transzendente Wirklichkeit. Selbst da, wo eine Religion scheinbar nicht durch eine andere ersetzt wird, können Menschen nicht ohne Religion sein. Religion gehört zum Menschen wie die Luft zum Atmen, mehr noch, sie ist Teil des Menschseins, wenn auch meist ganz unbewußt.

Kultur - Religion

Wir finden es ganz natürlich, daß ein Bauer in Mitteleuropa sich eine andere Behausung schafft als ein Nomade in Nordafrika. Gleiches gilt für Ernährung, Kleidung, Formen des sozialen Zusammenlebens, kurz für alles, was zum Leben dazugehört. Wir nennen das Kultur. Zur Kultur gehört die Religion als eines ihrer wichtigsten Elemente. Durch sie wurde und wird Zeit strukturiert, werden Sinnfragen gedeutet und Krisen bewältigt. Sie verhilft Mächtigen und ihrem Recht zu unanfechtbarer Autorität. Wie sollte sie weniger unterschiedlich sein als andere Kulturerscheinungen auch? Die Religion verleiht dem, was wir als jenseits unseres Lebens und unserer Erfahrung nicht erkennen und deshalb auch nicht benennen können, eine Sprache. Bilder, Symbole, rituelle Handlungen, Gleichnisse und Lieder helfen, daß wir uns über unsere tiefsten Ängste, über die Fragen des Woher, Wozu und Wohin austauschen können. Die Religionen geben uns ein Verstehensmuster an die Hand, an das wir uns anlehnen können, wenn wir das Geheimnis einer mondhellen Nacht oder das Erschrecken beim Tode eines nahen Angehörigen verarbeiten und verstehen wollen. Viele Menschen würden den Gedanken an den eigenen Tod ohne Religion nicht ertragen können, denn sie ist es, die in ihrer jeweiligen Sprache das Leben als etwas über den Tod hinaus Gültiges aufzeigt. Das hat mit Vertrösten, wie oft gesagt wird, nichts zu tun; es ist die ursprünglichste Art, das Urwissen, daß Leben nicht verloren gehen kann, in Worte zu kleiden.

Damit ihre Gedanken und Einsichten nicht als unverbindlich mißverstanden werden, müssen alle Religionen behaupten, daß sie mehr als nur die Sprache anbieten, in der ihre Mitglieder nachdenken, sich austauschen können. Es ist geradezu ein Kennzeichen von Religion, daß sie einen Wahrheitsanspruch erhebt, erheben muß, will sie als Religion ernst genommen werden. Sofern ihre Mitglieder diesen Anspruch nicht in Frage stellen, ist das auch kein Problem. Jedoch wird man in einer offenen Gesellschaft wie in unserer den Menschen eigenständiges Denken und eigene Entscheidungen nicht verbieten können, und man sollte, wie ich meine, es auch nicht dürfen. Wo es dennoch geschieht, treibt man Menschen in schwere Gewissenskonflikte (Beispiel: Die Geburtenregelung in der röm. kath. Kirche), deformiert ihren Charakter (Beispiel: Zeugen Jehovas und der Fundamentalismus), oder man nötigt sie zum Austritt. Die schlimmste Form der religiösen Bevormundung ist die Errichtung sogenannter Gottesstaaten. Besser wäre es, den Dialog zu suchen, um miteinander und voneinander zu lernen. Glücklicherweise ist nicht jede Religionsgemeinschaft so intolerant, wie der

Fundamentalismus, das läßt hoffen. Aber der Anspruch auf Wahrheit bleibt.

Existenzprobleme

Und genau hier liegt das Problem. Wie kann es möglich sein, daß es viele Wahrheiten gibt? So ist es auch nicht. Es gibt Bilder, Vorstellungen, die, vorsichtig ausgedrückt, Hinweise geben können, wo wir Antworten auf die Fragen nach der unverfügbaren Wahrheit suchen können. Wahrheit, letzte Gewißheit kann man nicht auf dem Markt kaufen. Sie ist in uns, Teil von uns selbst, deshalb auch immer subjektiv. Sie bleibt auch dann subjektiv, wenn wir mit anderen ein gemeinsames Bekenntnis unseres Glaubens ablegen.
Jeder Mensch, jedes Lebewesen überhaupt, hat eine Ahnung davon, daß er Teil ist von einem Ganzen, daß mit ihm, in ihm etwas heraustritt aus dem Sein, existiert. Um mir das weniger kompliziert als Heidegger oder Satre vorzustellen, habe ich einen Party-Igel vor Augen, einen runden Ball, in dem lauter Käsehappen stecken. Die einzelnen Spieße sind zugleich mit dem Ball (Sein) verbunden und von ihm getrennt. So auch wir. Wir sind mit dem Sein, dem Leben verbunden und davon getrennt, existieren, d.h. treten heraus aus dem Sein und bleiben doch Teil davon. Das gilt prinzipiell für alles, was ist, auch für die einzelne Zelle unseres Körpers. (Deshalb finde ich auch schlimm, daß wir heute Menschen nicht mehr in Ruhe sterben lassen, den Sterbeprozeß der einzelnen Organe und Zellen nicht abwarten können. Unsere Vorfahren wußten genau, daß in unseren Regionen der Körper eines Verstorbenen drei Tage braucht, bis alle Lebensfunktionen aller Zellen erloschen sind. Sie haben aus Ehrfurcht vor dem Leben ihre Toten nicht noch warm in ein Eisfach geschoben, wie es heute die Regel ist). Diese tiefe Verbundenheit mit dem Sein, dem Leben, ist der Ort, woher alle Religion kommt und wohin sie führt. Weil wir unsere Verbundenheit mit dem Sein nicht ohne weiteres verstehen, schon gar nicht in Handlungen umsetzen können, brauchen wir den Umweg über Bilder, Gleichnisse, bildhafte Vergleiche, d.h. über Religionen. Es ist manchmal ein sehr mühsamer Umweg, wie jeder weiß, und er fordert uns oft genug ein Übermaß an Toleranz ab.

Vorstellungen suchen Worte

Wie Menschen mittels ihrer Sprache die Welt um sich herum zu erfassen versuchen, so versuchen sie auch Vorstellungen zu entwickeln, wie sich das, was sie (im wörtlichen Sinne) nicht begreifen können, in Worte fassen läßt. Wir nennen das transzendieren, und das bedeutet, daß wir das Innerweltliche über die Grenze des Erfaßbaren hinausheben in das Überweltliche, das Jenseitige. Daher kommt es, daß die Religionen den Fragen entsprechen, die gestellt werden. Ganz verkürzt dargestellt, füllte sich so die Unendlichkeit, der Himmel, in den ältesten Zeiten der Menschheitsgeschichte, in den Ahnenkulten, mit den Seelen der Verstorbenen, danach in den Religionen des Altertums mit Göttern, die Naturerscheinungen erklärbar machten, und später mit Göttern, die für die Zukunft des einzelnen Ichs Hilfestellung anboten. Wo sich diese verschiedenen Religionsformen ablösten, haben die sie ablösenden neuen Religionen Vorstellungen und Inhalte der alten in der Regel modifiziert aufgenommen. Ich bin sicher, daß auch unsere heutigen Religionsformen eines Tages durch andere abgelöst werden, die dann ihrerseits unsere Vorstellungen überwinden und integrieren werden.

Für wahr halten oder vertrauen?

Unsere Beziehung zur Religion nennen wir Glauben. Glauben in jenen Religionen, die Erklärungen für Naturerscheinungen versuchten, beschränkt sich darauf, die religiöse Antwort als wahre zu nehmen. Das heißt nicht etwa, daß diese Religionsformen primitiv gewesen wären. Wer käme auf den Gedanken, die indianischen Religionen mit ihrer Naturverbundenheit primitiv zu nennen? Sie waren anders. Darin waren sie anders, daß sie nicht den einzelnen Menschen, sondern die Natur und die Menschheit als Teil der Natur, in den Mittelpunkt ihrer Religiosität stellten. Wo aber, wie bei den großen Propheten des Alten Testamentes, wie auch bei Jesus, Glauben eine Beziehung sucht zu dem Sein, dem Leben, wird er zum unbedingten Vertrauen auf den Gott, der das Bild des Seins ist.

Das heißt dann letzten Endes nichts anderes, als daß ich meine Frage nach Entstehung und Erhaltung der Welt (Schöpfung), meine Hoffnung auf Lösung der unbewältigten Probleme meines Lebens (Erlösung) und meine Sehnsucht nach Verbindung mit dem Grund des Seins (Heiligung) an einen Gott richte, dessen Vorhandensein ich mir mit vielen Menschen vorstelle und in dessen *Wort* unsere gemeinsamen und verschiedenen Antworten zusammenfließen. Das ist ihrem Wesen nach die Trinitätslehre, die Lehre von dem dreieinigen Gott des Christentums, der Glaube an Gott als den Vater, den Sohn und den Heiligen Geist.

Gott eine Projektion aus meinem Inneren zu nennen, wird sicher manchen provozieren. Allerdings - wie sollte es anders gehen, als daß wir uns dem Unnennbaren von uns her, vom Menschen her zu nähern versuchen? Warum sollen wir es nicht sagen? Es sind doch unsere Gedanken, unsere Gefühle, aus denen unser Bild von Gott entsteht. Das Leben selbst, das Sein ist gefühllos, aber wir haben Gefühle. Mehr als wir denken, fühlen wir ahnungsvoll, daß wir mit dem Leben in Verbindung stehen. Um des Lebens willen lieben wir die Liebe, sehnen uns nach Frieden, hoffen auf eine Zukunft usw. Mir fällt dazu ein Vergleich ein: Stellen wir uns nachts unters Sternenzelt! Unsere Gedanken schweifen in die Unendlichkeit, umfassen alles, was war, was ist, was sein wird. Und plötzlich ertappen wir uns dabei, ob die Liebste, der Liebste jetzt wohl auch gerade an mich denkt? Den Sternen ist das vermutlich gleichgültig. Und doch sind sie, nehmen wir sie als gefühllos kaltes Symbol des Seins, Katalysatoren, Empfänger und Sender unserer Gefühle. So das Sein, das Leben. Was liegt näher, als unsere Gefühle, Hoffnungen und Ängste in der Verkörperung des Seins, in Gott, verankert zu sehen, den man nicht ganz so desinteressiert und gefühllos denken muß.

Ein Gott, ein Glaube?

Nun gibt es nicht nur verschiedene Religionen. Wir wissen ja, die großen Religionen spalten sich in zahllose verschiedene Konfessionen, Bekenntnisse auf, die sich teilweise ebenso wie die Religionen gegenseitig die Wahrheit absprechen, sich manchmal sogar leidenschaftlich bekämpfen. Wie kann das sein? Sie zumindest haben ja nun wirklich einen gemeinsamen Gott, bezeugt in einer gemeinsamen Heiligen Schrift.
Wir haben bei Kain gesehen, daß religiöses Bewußtsein eine ganz individuelle Angelegenheit ist, die sich der Religion in

ganz eigenständigen Lesarten lediglich bedient, um Unaussprechliches in Worte zu fassen. Da ist es ganz natürlich, daß nicht zwei Menschen in der Deutung der Symbole ihres jeweiligen Glaubens vollkommen übereinstimmen können. Wenn sie, um es an einem Beispiel deutlich zu machen, über Gott reden, dann benutzen sie das gleiche Wort, haben aber durchaus unterschiedliche Vorstellungen davon. Das ist nicht anders, als würden Sie auf einem Spaziergang mit Ihrem Freund über Fahrräder sprechen: Jeder stellt sich natürlich ein ganz bestimmtes Fahrrad vor. Beide reden vom gleichen Gegenstand, verstehen sich auch, und haben doch verschiedene Vorstellungen davon. Genau so ist es, wenn Sie über Gott reden. Wer Gott sagt, meint noch keineswegs immer das gleiche wie ein anderer, der ebenfalls Gott sagt. So ist das in Alltagsfragen wie in Glaubensfragen. Wenn sie nun wegen Ihrer unterschiedlichen Anschauungen über Sinn und Gefahren des Radfahrens in Streit geraten, haben sie uns eine gleichnishafte Abbildung des Konfessionsstreits gegeben.

Eigentlich ist es also ganz natürlich, daß sich Religionen in verschiedene Untergruppen aufspalten, die aus verschiedenen Perspektiven unterschiedliche Glaubensinhalte betonen. Dabei kommen manchmal recht skurrile Aussagen über das, was Gott angeblich will oder tut, zustande, die es dringend nötig hätten, von den Zuhörern bzw. den Gemeindegliedern kritischer bedacht und diskutiert zu werden. Nur so kann man einen Ansatz finden, wie sich die Konfessionen näher kommen könnten anstatt sich in ideologischer Erstarrung gegeneinander abzugrenzen. Wie wichtig kirchentrennende Probleme sind wie z.B. die Frage, ob man Kinder taufen kann oder sie am Abendmahl teilhaben läßt, ob die Abendmahlsoblate Leib Christi ist oder nur bedeutet u.a.m., mögen Sie selbst entscheiden. Dem gerade in diesen Gemeinschaften gepredigten Gott dürften solche Fragen bestenfalls ein milde spöttelndes Lächeln abringen. Es sind ja auch nicht mehr unsere Fragen. Wir haben Probleme mit der Technik, der Umwelt, dem Hunger in der Welt und mit der Angst vor dem eigenen Sterben, um aus der Fülle der unzähligen offenen Fragen einige beliebige zu nennen. Die Frage nach der Bedeutung der Erwachsenentaufe gehört ganz sicher nicht da-

zu. Und doch halten sich die Konfessionen überholte Trennungslinien warm. Was meinen Sie, warum wohl?
Religiöse bzw. kirchliche Gemeinschaften sollten um der Verschiedenheit der Menschen willen unterschiedliche Lebensformen und Rituale ausbilden, das entspricht der Vielfalt des Lebens. Aber muß man sich deswegen abgrenzen oder gar bekämpfen? Glaubenskriege sind um des Glaubens willen absurd.

Bei mir ist alles anders

Fazit: Die Menschen auf der Erde gehören, zumindest geistig, zu einer größeren oder kleineren Religionsgemeinschaft. Auch nichtreligöse Weltanschauungen wie der Sozialismus transzendieren das Leben, wenn sie das Paradies späteren Generationen schaffen wollen. Jede dieser Religionen unterteilt sich in eine Anzahl von Bekenntnissen, die in den verschiedenen Verbreitungsgebieten unterschiedliche Ausprägung haben können. Um jetzt im Bereich des Christentums zu bleiben, gibt es unter dem Deckmantel der Bekenntnisse zahlreiche Gemeinden. In ihnen wird mehr oder weniger die reine Lehre der Bekenntnisgemeinschaft gepredigt, aber sie klingt eben durch die Person (von lat. *personare* = hindurchklingen) des Predigers hindurch und gewinnt hoffentlich Farbe und Profil. Wenn die Lebensumstände, unter denen die Menschen in einer Gemeinde leben, berücksichtigt, einbezogen werden, eigentlich eine Selbstverständlichkeit, kennen die Hüter der reinen Lehre ihre Botschaft oft kaum wieder.
Aber auch eine Gemeinde ist natürlich nicht homogen. In ihr finden sich Gruppen zusammen, die ähnlich empfinden, und Grüppchen, die noch wieder alles anders sehen wollen, bis am Ende der einzelne Christ sagt, er könne das alles gar nicht glauben, für ihn sei das so und so. Er hat nämlich seine Sozialisation und seine Lebensphilosophie in den Glauben integriert, hat ihn damit natürlich verändert, aber auch lebbar gemacht. Er hat seine Religion gefunden. So geht es, genau gesehen, allen Christen und allen Angehörigen aller Religionen auf der ganzen Welt. Wie gesagt, es gibt nicht zwei Menschen, die das Gleiche glauben. Diese Illusion, daß ihre Zuhörer alles glauben, was sie sagen, haben allein die Prediger, von Ausnahmen abgesehen. Ausgenommen die Profis und

einige wenige Begnadete, stellt der Gläubige bald fest, daß seine Meinung nicht gefragt ist, und kehrt seiner Religion den Rücken. Schade drum. Nicht wie Sie vielleicht dachten, wegen der Kirchensteuer sondern, weil die lebendige Weiterentwicklung des Christentums darunter leidet.

Einheit in der Vielfalt

Eine lebendige Religion müßte das eigentlich genau umgekehrt praktizieren: Der einzelne beeinflußt das Grüppchen, das Grüppchen die Gruppe, die Gruppe die Gemeinde, die Gemeinde... usw. Dann hätten wir zwar niemanden mehr, der sich für die Verbindlichkeit einer Lehre einsetzen würde, aber auch niemanden mehr, der so tun dürfte, als hätte er den Schlüssel zur Wahrheit. Man brauchte den Staub von den Bekenntnisschriften des Mittelalters endlich nicht mehr ständig abzuwischen versuchen. *Ecclesia semper reformanda*, die Kirche muß immer reformiert werden, wie oft haben wir das schon gehört? Sie wird ständig reformiert, an Ideen mangelt es nicht. Aber wie soll sie die Weite des Denkens der Menschen in sich integrieren können, wenn der Glaube durch die verschiedensten Konfessionen, Freikirchen und Sekten zu diversen Ideologien verkommen ist? Leider gibt es keine Dummheit, die nicht auch Anhänger findet, das ist im religiösen Bereich scheinbar besonders ausgeprägt. Unterstellt, jede Gruppe für sich genommen hielte sich für einsichtig, bliebe es bei der Einschränkung: Wasche mir den Pelz, aber mache mich nicht naß! Keine Gruppe wird ihren Anspruch, der Wahrheit näher zu sein als die anderen, aufgeben wollen, solange sie ihr Religionsverständnis nicht ändern, auch nicht aufgeben können.

Die religiöse Vielfalt war richtig und sinnvoll, solange der Lebensraum der Menschen getrennt war. Sie wird in ihrem militanten Wahrheitsanpruch fragwürdig, wenn die Menschen zusammenrücken. Austausch, miteinander reden, voneinander lernen, daß jeder seine eigene Meinung bildet, müßte die Devise unserer Zeit werden.

Es ist ja gerade der Sinn von Religionen, Konfessionen und religiösen Gruppen, daß Menschen andere finden, mit denen sie sich auf die Suche nach ihrer je eigenen Wahrheit machen können. Und das geschieht nicht auf der globalen, nicht auf der kontinentalen, nicht auf der nationalen, nicht auf der regionalen, allenfalls auf der lokalen Ebene, und dort auch nur zwischen Menschen, die sich gegenseitig ihre intimsten Gedanken anzuvertrauen wagen, oder eben dann und wann in einer Jugendherberge...

Literatur

Textausgaben

BIBLIA HEBRAICA, Editit Rudolf Kittel, textum masoreticum curavit P. Kahle, Ed. tertiam A. Alt und O. Eisfeldt, Stuttgart 1945.

SEPTUAGINTA, Editio nona, Edidit Alfred Rahlfs, Stuttgart 1935.

Biblia sacra VULGATA, 3. Aufl., Stuttgart 1989.

DIE BIBEL, nach der Übersetzung Martin Luthers, Revidierter Text 1957 - 1984, Stuttgart 1985.

Martin Buber / Franz Rosenzweig, Zu einer neuen Verdeutschung der Schrift, Beilage zum ersten Band: Die fünf Bücher der Weisung. Heidelberg.

Nachschlagewerke

WILHELM GESENIUS' HEBRÄISCHES UND ARAMÄISCHES HANDWÖRTERBUCH ÜBER DAS ALTE TESTAMENT; BEARBEITET VON DR. FRANTS BUHL; unveränderter Neudruck der 1919 erschienenen 17. Auflage, Berlin, Göttingen, Heidelberg 1954.

Friedrich Michael Schiele und Leopold Zscharnack, Hrsg., DIE RELIGION IN GESCHICHTE UND GEGENWART, Handwörterbuch, Bd. I - V, Tübingen 1905-1913.

Heinz Brunotte und Otto Weber, Hrsg., Evangelisches Kirchenlexikon, 3 Bände + Reg., Göttingen 1956 - 1959.

Golo Mann und Alfred Heuß, Hrsg., Propyläen Weltgeschichte, 10 Bände, Frankfurt, Berlin 1960 - 1964.

Einleitungen

Ernst Sellin / Leonhard Rost, Einleitung in das Alte Testament, Heidelberg 1950.

Artur Weiser, Einleitung in das Alte Testament, 4. Aufl., Göttingen 1957.

Otto Weber, Bibelkunde des Alten Testaments, 8. Aufl., Hamburg 1959.

Kommentare
B. Jacob, Das erste Buch der Tora, GENESIS, Berlin 1934.
Hermann Gunkel, Genesis, 9. Aufl. Göttingen 1977.
John F. Walvoord und Roy F. Zuck, Hrg., Das Alte Testament, Bd.1, 1.Mose - 2.Samuel, Wheaton, Illinois 1985; Neuhausen - Stuttgart 1990.
Gerhard von Rad, Das erste Buch Mose, in: Das ALTE TESTAMENT DEUTSCH, Bd.2/4, 6. Aufl., Göttingen 1961.
Claus Westermann, GENESIS, Biblischer Kommentar Altes Testament, 1.Teilband, Gn 1 - 11, Neukirchen - Vluyn 1974.
Horst Seebass, Genesis I, Urgeschichte, 1,1 - 11,26, Neukirchen-Vluyn 1996.
Eugen Drewermann, Strukturen des Bösen, Teil 2, Die jahwistische Urgeschichte in psychoanalytischer Sicht, Paderborn 1977.
Harry Stroeken / Joop Smit, aus dem Niederl. übers. von Dieter Maenner, Biblische Schicksale in psychoanalytischem Blick, Göttingen; Zürich 1994.
Martin Noth, Das zweite Buch Mose, Exodus, in: Das ALTE TESTAMENT DEUTSCH, Teilband 5, Göttingen 1965.

Theologien zum Alten Testament
Gerhard von Rad, Theologie des Alten Testaments, 2 Bde., München 1961.
Rolf Rendtorff, Geschichte und Überlieferung. in: Gesammelte Studien zum AT, S. 25 - 38, Theologische Bücherei; Altes Testament, Band 57, München 1975.
Kornelis Heiko Miskotte, Wenn die Götter schweigen, Vom Sinn des Alten Testaments, München 1963.

Monographien und Aufsätze
Gerhard von Rad, Das theologische Problem des alttestamentlichen Schöpfungsglaubens, in: Gesammelte Studien zum Alten Testament S. 136 - 147, Theologische Bücherei, Altes Testament, Band 8, München 1958.
Rolf Rendtorf, El, Ba'al und Jahwe, Erwägungen zum Verhältnis von kanaanäischer und israelitischer Religion. In: Gesammelte Studien zum Alten Testament, München 1957.
Christoph Levin, Der Jahwist, Göttingen 1993.

Reinhod R. Grimm, Paradisus coelestis - paradisus terrestis, Zur Auslegungsgeschichte des Paradieses im Abendland bis um 1200, München 1977.
Friedemann W. Golka, Keine Gnade für Kain (zu Gn. 6-9) in: Werden und Wirken des Alten Testaments, S. 58 - 73. Festschrift für Claus Westermann, Göttingen 1980.
Dick Boer, Die Schlange, Revolutionär oder Skeptiker? In: Texte und Kontexte, Heft 3, S. 11 - 21, Stuttgart, Februar 1979.
Anke Wolff-Steger, Die Frau sei dem Manne Untertan? oder: die Frau als Anhängsel des Mannes? In: Texte und Kontexte, Heft 30, S. 4 - 10, Stuttgart, Juli 1986.
Werner Jentsch, Hartmut Jetter, Manfred Kießig und Horst Reller Hrsg. Im Auftrag der Katechismuskommission der Ev.-Luth. Kirche in Deutschland: Evangelischer Erwachsenenkatechismus, Kursbuch des Glaubens, Gütersloh 1975.
Glaubensverkündung für Erwachsene, Deutsche Ausgabe des Holländischen Katechismus, Nijmegen 1968.
Peter Howard, Mr. Brown steigt herab, Schauspiel, dt. Übers. Zürich 1970.
Ernst Aeppli, Der Traum und seine Deutung, Taschenbuchausgabe, München1984.

Anmerkungen

Der Mensch

[1] Gn 2 als 2. Schöpfungsgeschichte: siehe G. von Rad, Theologie des AT, S. 144 ff; O. Weber, Bibelkunde des AT, S. 36 f.
[2] Kreis und Pyramide: s. G. Von Rad, Theologie des AT, S. 146.
[3] Sellin - Rost, Einleitung, S. 24 f., RGG, Bd.1, S. 1087.
[4] Zur Entstehungszeit des Jahwisten, der ältesten Quellenschrift des AT, siehe RGG, Bd.3, S. 234; A. Weiser, Einleitung, S. 88. Zur jüngsten atl. Schrift, dem Buch Daniel, siehe RGG, Bd. 1, S. 1963f / A. Weiser, S. 255.
[5] Weil die Israeliten den Namen Gottes, Jahwe, nicht auszusprechen wagten, haben sie immer, wenn das Wort Jahwe benutzt wurde, *Adonai*, mein Herr, gelesen. Als später in der hebräischen Bibel die Vokalzeichen nachgetragen und eingefügt wurden, setzten die Schreiber die Selbstlautpunktation von Adonai unter das Wort Jahwe. Wer das nicht weiß und in der hebr. Bibel das Wort *Jahwe* liest, liest *Jehova*, einen Gottesnamen, den es nie gab. Jahwe heißt übersetzt nach 2. Mose 3,14: *Ich bin, der ich bin*, also das Sein. Die Gleichung Jahwe = Sein ist sehr verkürzt. Vgl. dazu die verhältnismäßig kurzen aber prägnanten Ausführungen in M. Noths Exoduskommentar, S. 29ff. Zu *Jehova* siehe RGG, Bd. 3, S. 233.
[6] Siehe Priesterkodex, RGG, Bd 4, S. 1832. Entstehungsgeschichte der Priesterschrift: A. Weiser, S. 113 ff.
[7] Siehe Rendtorff, El, Baal und Jahwe, S.172ff. Zu Wanderungen der Gottheiten: Siehe O. Eissfeld, Kleine Schriften II, S. 55 - 60.
[8] Die Deutung bei G. von Rad in seinem Kommentar S. 62, daß der ursprüngliche Gottesname *Jahwe* um der Identität mit der Schöpfungsgeschichte durch *Elohim* ergänzt worden sei, ist abzulehnen. Wenn man die Identität zu Gn. 1 gesucht hätte, hätte man umgekehrt *Jahwe* durch *Elohim* ersetzen müssen.

[9]LXX, Septuaginta, in Alexandria um 250 v.Chr. entstanden, angeblich von 70 Gelehrten in 70 Tagen vollendet. Genauere Angaben: Siehe Vorwort zur Septuaginta S. VI - XIV.

[10] Es lohnt sich, auf Feinheiten zu achten. Im Hebräischen heißt es, daß jener Nebel aufsteigt von der *Erez* und die *Adama* befeuchtet. Träger des Lebens ist die אֶרֶץ *erez*, die Erde in der Bedeutung Land, Himmelskörper, eine Anschauung, die der von Gn.1,2 (Der Geist Gottes schwebte über dem Wasser) und Gn.1,11 (die Erde lasse hervorgehen Gras...) ähnlich ist. Sie gibt Leben in den (dadurch) fruchtbaren Erdboden, die אדָמָה *adama*. Ob das wohl Zufall ist, daß hier als Empfängerin von Leben אֲדָמָה *adama* die Femininform zu אָדָמ *adam*, genannt wird?

[11] Dagegen Westermann S. 276f, der meint, aus vergleichenden Betrachtungen mit anderen Religionen gerade dies hier vermuten zu sollen.

[12] Zu Anthropomorphismen: Siehe von Rad, Theol.d.AT, Bd. 1. S.211 ff./ bes. S.217f.

[13] יצר; *jazar* = machen, bilden, auch im Sinne von werden lassen u.ä. Dagegen עשׂה, *asah*, das geläufigere machen der Umgangssprache, häufig in Gn.1 kontrastierend zu: וַיֹּאמֶר אֱלֹהִימ *wajomär elohim*, = und Gott sprach ...

[14] Ton = חֶרֶשׂ , *chäräs.*

[15] Neutestamentler an der Universität Marburg, bekannt durch sein Programm der Entmythologisierung des Neuen Testaments.

[16] Siehe dazu oben, Anm. 10: *adama* als Erdboden und zugleich Fem. zu *adam.*

[17] Das Wort *adama* ist von *adam* abgeleitet und nicht umgekehrt, denn einerseits ist die weibliche Form אדָמָה , *adama,* von אדָמ *adam* durch das Suffix ָה- gebildet, außerdem aber leitet sich das Substantiv *Adam* ab von dem Verb *adam*, und das heißt rot sein, meint offenbar das Blut: אדמ *adam* = rot sein (s. Gesenius), offensichtlich verwandt mit דָמ *dam* = das Blut. Das Blut galt im alten Israel als Sitz des Lebens.

[18] וַיִּיצֶר יְהוָה אֱלֹהִימ אֶת-הָאָדָמ עָפָר מִן הָאֲדָמָה

[19] נֶפֶשׁ חַיָּה

[20] Ev. Kirchenlexikon, Anthropologie, Bd. 1, S. 131.

[21] Odem Gottes heißt im AT durchgängig *ruach Jahwe*, יַהְוֶה רוּה bzw. רוה . Hier aber ist nicht von der *ruach Jahwe* son-

dern von der נִשְׁמַת חַיִּים *nischmat chajim*, dem Atem des Lebens, die Rede; schon deshalb ist diese Deutung falsch.

[22] Paul Althaus, Die christliche Wahrheit S. 324 - 335. Zitat »Und doch besteht eine entscheidende Einheit im Menschsein. Kein Mensch lebt wie ein Tier rein instinktiv.« (S. 332).

[23] עדן = wohl leben, es sich wohl sein lassen. עֵדֶן, = Wonne. Die Bezeichnung גַּד-בְּצֵדֶן *Garten in der Wonne* an dieser Stelle wird zu גַּד-עֵדֶן, dem *Garten der Wonne* in Vers 15.

[24] מִקֶּדֶם *mikädäm*, = von Osten, abgeleitet von קדם *kadam* = vorangehen, jem. zuvorkommen, קִדְמָה *kidma* = Ursprung.

[25] E. Aeppli, Der Traum und seine Deutung, S. 109: »Diese Mitte (in der Reifung der Persönlichkeit) kann nun in den Träumen sich abbilden als Mitte eines umschlossenen Gartens. Als solche ist sie oft ein Baum, der Lebensbaum, oder sie ist die nach den vier Himmelsrichtungen verströmende Quelle.«

[26] 2, 21 - 23: Und Gott der Herr ließ einen tiefen Schlaf (תַּרְדֵּמָה griech. εκστασισ, Ekstase) auf den Menschen fallen und er schlief ein, und er nahm eine seiner Rippen und verschloß (die Stelle) ihr Unteres, mit Fleisch. 22 Und Gott der Herr baute die Rippe, die er von dem Menschen genommen hatte, zu einer Frau um und brachte sie zu ihm. 23 Und der Mensch sprach: diese andere (unsicher) ist Bein von meinem Bein und Fleisch von meinem Fleisch, und zu ihr sagt man Frau אִשָּׁה *ischa*, denn vom Manne מֵאִישׁ *mëisch* ist sie genommen.

[27] An dieser Stelle übersetzt Jörg Zink, dessen Übersetzungen oft von Phantasie sprühen, entschieden genauer als die Lutherbibeln.

[28] G. von Rad, Theol. d. AT, Bd. II, S. 94.

[29] Drewermann, S. 39ff.

[30] תַּחְתֶּנָה *tachtenah* von תַּחַת *tachat*, das Untere mit Suff. 3. sing. f. = ihr Unteres.

[31] צֵלָע *zela* = Rippe (s. Ges. z.St.) von צלע *zala* = sich krümmen (ass. *selu* = wegen der gekrümmten Form, Rippe). Hier: männliches Glied.

[32] Ausführlich bei E. Aeppli, Der Traum und seine Deutung, S. 379ff.

[33] Siehe Verb und Derivate zu נחש *nachasch*, Gesenius S. 498f.

[34] נְחֹשֶׁת n'choschät II, Ges. S. 499.
[35] Siehe Röm. 7, 19.
[36] LXX: και εκαλεσεν κυριοσ ο θεοσ τον Αδαμ και ειπεν αυτϖ Αδαμ, πουει ; / Vulg.: vocavitque Dominus Deus Adam et dixit ei ubi es.
[37] Es geht um die beiden letzten Worte in 3,9, לוֹ אַיֶּכָּה *lo ajächa*. Westermann, S. 254 z.St. paßt die Form אַיֶּכָּה (von אֵיכָה Ges. S. 29) der üblichen Übersetzung an: »wo bist du?« Gegen seine Deutung ist einzuwenden, daß Ges. diese Bedeutung nicht einmal erwägt. Die Endung ה deutet auf 3.sing. f., 2.sing.m. kommt nicht infrage. Die Übersetzung אַיֶּכָּה mit *wo* ist kaum belegbar. Das לוֹ könnte noch zu וַיֹּא-מֶר *w'jomär* passen, = er sprach zu ihm; dann würde אַיֶּכָּה abschätzig heißen müssen: Wie ist sie?. Das dürfte wohl kaum gemeint sein. So wird das לוֹ integraler Bestandteil der Frage sein: לוֹ אַיֶּכָּה , dt. wem ist sie wie? Dann müßte man übersetzen: »Zu wem gehört sie?« »Gehört sie zu dir?« Stroeken / Smit machen sich zu dieser Stelle, obwohl sie dem Text relativ am nächsten kommen, nicht einmal die Mühe, in den hebr. Text hineinzuschauen. (Stroeken, S. 49).
[38] Röm. 5, 12 - 21.
[39] Dazu, wie das folgende Geschehen wirklich als Fluch verstanden wird, siehe G. v. Rad, Theologie des AT, Bd. I, S. 159 u.ö. / Zu Segen und Fluch im AT siehe M. Noth, Die mit des Gesetzes Werken umgehen, die sind unter dem Fluch, in Gesammelte Studien zum AT, Bd. 6, S.155 - 171.
[40] Westermann, S. 364 ff. verweist auf ausführliche Literatur, übernimmt aber selbst die Deutung *Leben*, ohne sich über den Sinn der in Frage kommenden Verben Gedanken zu machen. Das Verb leben heißt hebräisch היה *haja*. Hier aber steht
חַוָּה *chawah* = anzeigen, verkünden (*als seine Frau?*). Wie man daraus die Deutung Eva = Leben ableitet, ist nur verständlich, wenn man einen Abschreibfehler voraussetzt.
[41] Die unterschiedliche Kleidung weist auf unterschiedliche Kulturen bzw. Epochen hin. Allein schon aus diesem Hinweis läßt sich dieser Abschnitt als Nachtrag belegen.

Kain und Abel

42 Peter Howard, Mr. Brown steigt herab, Schauspiel, Zürich 1970.

43 Dieser erklärende Satz hat weder mit dem Namen Kain noch mit der Erzählung etwas zu tun. Allerdings hing der gesellschaftliche Rang einer Frau in Israel eng mit ihrer Mutterschaft zusammen. Dieser Satz dürfte also erst spät eingefügt worden sein.

44 Das ergibt einen Hinweis darauf, daß die Übersetzer der LXX eine bestimmte Auslegungstradition vorgefunden haben.

45 Bemerkenswert unkritisch dazu die Kommentare: siehe G. v. Rad, S. 83 ff. und Westermann, S. 393 u.ö.

46 Die forschungsgeschichtlichen Hypothesen beziehen sich auch nur auf die Herkunft der Erzählung, nicht auf die Personen. S. Westermann, S. 385 - 388.

47 צֹאן *zoon* = coll. Kleinvieh, Schafe und Ziegen. Dagegen בָּקָר *bakar* = Rinder. Siehe Ges. S. 670.

48 Siehe Mt. 5, 18.

49 וַיִּשַׁע אֶל-הֶבֶל *wa'jisah el Häbel.* / וְאֶל-קַיִן לֹא שָׁעָה *w'el Kain lo asah*

50 Lutherbibel: Gott sah gnädig an Abel und sein Opfer, aber Kain und sein Opfer nicht. LXX interpunktiert wie Luther. Sie trennt wie Lutherausgaben die Abschnitte über Abel bzw. Kain innerhalb des Verses 5. Vulgata trennt durch Absatz ohne Zeichen, fügt aber zwischen 5a und 5b ebenfalls einen Absatz ein. Die Intention ist offenbar auch hier anders als in der Hebraica.

51 Ex. 20, 5.

52 In dem *fromm sein* אִם תֵּיטִיב steckt das hebräische טוֹב = gut und das Verb, das mit den Blick frei erheben übersetzt wird, שְׂאֵת , ist nicht übersetzbar. Das kommt häufiger vor im Alten Testament, daß Worte oder Sätze so entstellt sind, daß man Herkunft und Form nicht mehr erkennen kann. Eine Textvariante bietet die Form תִּשָּׂא die könnte mit der griechischen Übersetzung übereinstimmen. Ich habe deshalb diesen Satz aus der Septuaginta übersetzt: ουκ, εαν ορθϖζ προσενεγκηζ, ορθϖζ δε μη διελης, ημαρτεζ; ησυχασον προσ σε η αποστροφη αυτου, και συ αρξειζ αυτου. Leider gibt diese Übersetzung keinerlei Sicherheit, daß die ur-

sprüngliche Lesart auch getroffen wurde. Uns bleibt keine Wahl!

[53] Pastor von lat pascere = jemand, der weiden läßt = Hirt.

[54] Büchmann, S. 698.

[55] Siehe z.B. Psalm 73, 3b - 12.

[56] Der Begriff *Strafe* bindet Kains Handeln an die Maßstäbe, die Abel und sein Volk, also der Gott Abels (unter veränderten religiösen Verhältnissen gleichzusetzen mit dem Gott der Übersetzer) gesetzt haben würde. Es ist sicher nicht gemeint, daß ein seßhaftes Bauernvolk von einem Nomadenstamm überrannt und beherrscht wird und dieser nun seßhaft wird, die Bauern dagegen zu Nomaden. Die Übersetzer haben in die *Schuld* des Kain - abgeleitet aus dem Fluch Gottes - gleich die Folge, die Strafe hineingelesen. Sie haben einen einzigen undefinierten und undifferenzierten Gott vor Augen gehabt, einen Gott, unter dem man sich alles und nichts vorstellen kann, der bei der Betrachtung der beiden Opfer ungerecht und willkürlich erschien. Diese naive Gottesvorstellung paßt genau besehen nicht zu unserer Erzählung, weil von ganz unterschiedlichen Gottesbildern bei Kain und Abel ausgegangen werden muß, wie wir gesehen haben.

[57] Zum Kainszeichen siehe Westermann, S. 423 ff, der z.T. abenteuerliche Deutungsversuche zitiert. G.v.Rad, S. 87, sieht darin eine Tätowierung,. Jacob vermutet ganz unsicher entweder einen Orakelspruch (der 7. Anschlag ...), oder Folgen in der 7. Generation.

[58] Geb. 1091, gest. 1153, Zisterzienser, Gründer der Abtei Clairvaux, gilt wegen seiner fanatischen Predigten als Initiator des 2. Kreuzzuges (1147 - 49).

[59] וַיֵּצֵא קַיִן entsprechend וַיֵּשֶׁב = er wohnte, er wohnt.

[60] קִדְמַת-עֵדֶן *kidmat eden.*

Die Noahsage

[61] Siehe Westermann, S. 518 ff. mit ausführlicher Diskussion der Literatur.

[62] Dazu die Zusammenfassung bei Seebass, S. 228 ff.

[63] In ihr fehlt die Mitteilung, daß Noah ein Opfer bringt und deshalb 7 von allen reinen Tieren benötigt. Die Flut dauert nach ihrer Darstellung nicht 40, sondern 150 Tage.

[64] מַבּוּל *mabul* = Wasserflut, nur von der noachischen. Ges. S. 394.
[65] Anders Westermann, S. 567.
[66] Das hebräische Wort für Sintflut, מַבּוּל *mabul*, könnte sich herleiten von dem Verb יבל *jabal*, einem Lehnwort, dessen Herkunft unklar ist. Das Verb *jabal* heißt sowohl führen als auch tragen und könnte zudem mit einem assyrischen Wort für fließen verwandt sein. In unserem Zusammenhang wird es in Verbindung mit Wasser gebraucht.
LXX: υπαγϖ τον κατακλυσμον υδϖρ επι την γην (ich will eine Überschwemmung von Regenwasser über die Erde heraufführen...)
Vulgata: adducam diluvii aquas super terram... (ich will überschwemmende Wasser heranführen...)
[67] Das sog. Talionsgesetz: Ex. 21,23f.: »Entsteht ein dauernder Schaden, so sollst du geben Leben um Leben, (24) Auge und Auge, Zahn um Zahn, Hand um Hand, Fuß um Fuß ... «
[68] Siehe Psalm 103.
[69] Interessant dazu: Diese Beschreibung der Schrecken am Ende der Welt findet sich nicht in den dazugehörigen synoptischen Paralellen bei Mt. und Mk.
[70] Allerdings spielt die apokalyptische Literatur erst in den beiden letzten vorchristlichen Jahrhunderten eine wesentliche Rolle.
[71] נחה *nachah* = führen, leiten.
[72] צַדִּיק *sadik* = gerecht
[73] Das Wort Arche, Arche Noah, gibt es in der hebräischen Bibel nicht, auch nicht in der griechischen und lateinischen Übersetzung. Manche Theologen bringen das Wort mit griechisch αρχη, *archä,* dt. Anfang, in Zusammenhang, das trifft nicht zu, denn LXX übersetzt in κιβϖτον = hölzener Kasten. Der Begriff Arche Noah ist durch Martin Luthers Übersetzung der Bibel geprägt, der aus damals gebräuchlichen lateinischen Bibel die übliche Übersetzung von arca = Kasten = Arche übernommen hat. (Vulg. 6,14: »fac tibi arcam;« und 6,18:»ingredieris arcam tu et ...«) Das Wort תֵּבָה *tebah*, (6,14; 18 u.ö.), das wir mit Arche übersetzen, ist ein Lehnwort aus dem Babylonischen (?) und heißt dort etwa Kasten (so übersetzt 6,14!). Auch der Kasten, in dem der Säugling Moses ausgesetzt wird, (2.Mose 2) heißt *tebah.*

[74] Jakob dient jeweils 7 Jahre um Lea und Rahel (Gn. 29,18); Ägypten erlebt 7 fette und 7 magere Jahre (Gn. 41,2ff.); Johannes wendet sich an 7 Gemeinden (Off. 1,4) und verwendet oft die Zahl 7 in der Offenbarung. 40 Jahre zog das Volk Israel durch die Wüste (Ex. 16,35, Dt. 2,7); Moses blieb beim Empfang des Dekalogs auf dem Berge 40 Tage und 40 Nächte (Ex. 24,18); David und Salomo regieren je 40 Jahre (2.Sa. 5,4: 1.Reg. 11,42); Jesus fastet 40 Tage (Mt. 4,2; Lk. 4,2); Jesus erscheint den Jüngern nach der Auferstehung 40 Tage (Apg. 1,3).

[75] Es könnten allerdings auch Mondjahre gemeint sein; d.h., er lebte ca. 80 Jahre. Auch der Laie kann erkennen, daß hier verschiedene Quellen verwendet wurden.

[76] Zu diesem Satz: Siehe die Auslegung zum Beginn der Turmbauerzählung!

[77] נֹחַ אִישׁ הָאֲדָמָה וַיִּטַּע כָּרֶם   וַיָּחֶל ; וַיָּחֶל leitet Westermann, S.651 von יחל *jachal*, warten, ab. Es kommt jedoch auch das Verb נחל *nachal*, Besitz ergreifen, infrage. Beide Verben sind in Ges. unter dieser Stellenangabe nicht belegt. Bei meiner Übersetzung hätte ich mir das Akkusativpronom -אֶת gewünscht. Man kann nicht alles haben! Sein Fehlen schließt ein ursprüngliches *nachal* nicht aus. Es ist möglich, daß jemand beim Abschreiben des masoretischen Textes in der Tradition damaliger Textauslegung das -אֶת fortgelassen hat.. Mit anderen Worten die Übersetzung dieses Verbs ist ganz unsicher.

[78] וַיִּתְגַּל בְּתוֹךְ אָהֳלֹה   : (וַיִּתְגַּל Hi.von גלה = sich entblößen).

[79] Gn. 12, 6 u.ö.; Ex. 3, 17 u.ö.

[80] Dazu Wolfram von Soden in Propyläen Weltgeschichte, Bd. 2, S. 39 - 133.

[81] Die Erzählung von dem betrunkenen Noah bzw. vom Putsch des Ham bildet in der Bibel den Schluß der Sintflutgeschichte, ist nach unserer Deutung noch unmittelbar mit der Erzählung von der Flucht übers Meer und den Ereignissen in dem neuen Lande verbunden. Danach folgt ein Register der Geschlechter der Kinder Noahs in Gn. 10. Dieses Register wird angeführt in Gn. 9, 28f. mit einer Notiz über Noah, wie lange der noch lebte, bis er starb. Wer sich dafür interessiert, wird aufschlußreiche Hinweise auf die wechselvolle Geschichte im Vorderen Orient finden. In diesem

Register sind die Nachkommen Sems in 10, 21 - 31 aufgeführt. Dann folgt die Turmbauerzählung, Gn. 11, 1 - 9. Danach finden wir in Gn. 11, 10 - 26 ein zweites Register der Nachkommen des Sem, allerdings mit völlig anderen Namen, also eine andere Linie. Der Stamm muß sich also gespalten haben.

[82] Gn. 9, 28 bis 10, 32.

[83] LXX: Gn. 11,3: και ειπεν ανθροποζ τϖ πλησιον Δευτε πλινθευσϖμεν πλινθουζ και οπτησϖμεν αυτασ πυρι. Vulgata z.St.: dixitque alter ad proximum suum venite faciamus lateres et coquamus eos igni.

[84] Die Übersetzung dieses Verses ist schwierig, denn wir haben mehrere Wortspiele mit Wörtern, deren Herkunft dunkel ist. ויאמו אִיש אֶל-רֵעֵהו : Und es sprachen, ein Mann zu seinem Freund. Dann kommt's:

a) הָבָה נִלְבְּנָה לְבֵנִים *Habah! nilbenah l'beniem nilb'nah :* Ni. von *laban*, weiß werden und *l'beniem*: Dativ Plural von *ben*, Sohn = Wir wollen uns weiß machen lassen für die Söhne.

b) וְנִשְׂרְפָה לִשְׂרֵפָה *w'nisr'pha lisrepha von* שרפ *saraph* = brennen = Laßt uns brennen zu Verbranntem.

c) וַתְּהִי לָהֶמ הַלְּבֵנָה לְאָבֶן *wat'hi lahäm hal'benah l'abän* = Ihr Reinsein wurde ihnen zu Stein. zu *hal'benah* s.o. *laban.*

d) והַחֵמָר הָיָה לָהֶמ לַחֹמֶר *w'hachemar haja lahäm lachomär* = Und ihr Gären wurde ihnen zu Ton. zu *hachemar*, s. חמר, *chamar* = gären.

Diese hier vorgelegte Übersetzung geht den Worten so weit wie möglich nach. Um möglichst genau zu sein, wird in Kauf genommen, daß sie etwas holperig erscheint. Mit der üblichen Übersetzung, der Beschreibung eine Ziegelei im Altertum, hat der Text so gut wie nichts zu tun.

[85] Daß ein ursprünglicher unmittelbarer Zusammenhang bestand, geht allein schon aus der Tatsache hervor, daß der Text Gn. 11 nach dem Einschub der Völkertafel unmittelbar an Gn. 9, 27 anschließt, und die Verfasser einen Satz (Gn.11,1) aus fortlaufender Schilderung falsch zuordnen.

[86] Sem bleibt der Nachwelt erhalten als Namensgeber einer bedeutenden vorderasiatischen Volksgruppe, der Semiten. So ist zu vermuten, daß sich ein Teil des Volkes abgespalten hat, und Sem mit einer verbliebenen Gefolgschaft weiter noma-

disierend durch das Land zog. Die Erzählung vom Turmbau würde demgemäß nur einen Teil des Volkes meinen, mit dem Noah einst auf der Suche nach neuem Lebensraum auswanderte. Siehe unabhängig hiervon auch die Anm. 81.

87 Ps. 87,4; 137,1; Jes. 14,4; 48,20.

88 So auch LXX und Vulgata. Die Übersetzer haben offensichtlich in die Texte hineinmanipuliert, vielfach sicherlich als Folge der vorhandenen Auslegungstradition, der die Übersetzung ins Koine-Griechisch für den Alltagsgebrauch folgte.

89 נֵרְדָה = 3. Sing.f. von ירד, *jarad*, *herabsteigen*: Sie stieg /sank herab. Entspr. וְנָבְלָה von נבל, *nachal*, abfallen, verwelken.

90 Deshalb nannte man ihren Namen בָּבֶל *Babel*, denn dort בָּלַל *balal*, verwirrte Jahwe ...

Die Schöpfung

91 תֹהוּ וָבֹהוּ , *tohu wabohu*, dt.: Tohu und Bohu, eine Wortspielerei.

92 E. Aeppli, S. 278 ff.

93 Die Rotation der Erde kannte das Altertum angeblich nicht. Ich meine allerdings, daß wir im Zusammenhang mit dem Himmelsgewölbe eines anderen belehrt werden. Das Ptolemäische Weltbild, weit mehr als ein halbes Jahrtausend später entstanden, mit dem Lorbeer der Wissenschaftlichkeit geschmückt und 15 Jahrhunderte gültige Doktrin an den Universitäten, reicht an die hier vorausgesetzten Kenntnisse bei weitem nicht heran.

94 Diese Zäsur fehlt nur nach dem Entstehen des Himmelgewölbes in V. 8. Das mag sich daraus erklären, daß der ursprüngliche Bericht natürlich nur sieben solcher Zäsuren gekannt hat, und demzufolge bei der neuen Zählweise der Bibelredaktoren die Bewertung einmal fortgelassen werden mußte. Ich halte es wegen der veränderten Formulierung für naheliegend, daß der Satz 4a *Gott sah, daß das Licht gut war*, auf eine redaktionelle Veränderung zurückgeht.

95 Siehe dazu Westermann, S. 123 - 126.

96 Der Schöpfungsbericht wird in der Literatur übereinstimmend der Priesterschrift zugeschrieben. Das hängt vor allem damit zusammen, daß man einen Schöpfungsbericht auch im

2. Kapitel zu sehen meint, das zwar auf den Jahwisten zurückgeht, aber keine Schöpfungsgeschichte ist, wie das Kapitel über den Menschen gezeigt hat. Der Priesterschrift mag die heutige Gestalt des Textes zuzuordnen sein, die Gedanken darin entstammen älteren, uns unbekannten Quellen.

[97] Galilei, Galileo, ital. Naturforscher, 1564 bis 1642. Kepler, Johannes, Astronom, 1571 bis 1630.

[98] V. 16 - 18a berichten wieder von Gott als dem, der in eigener Tätigkeit die Schöpfung voranbringt. Gott macht die Himmelskörper, Gott setzt sie an das Himmelsgewölbe. Das Interesse dieser Verse gilt der Sonne und dem Mond; die Sterne sind eher beiläufig erwähnt (16d). Daß die Sonne den Tag und der Mond die Nacht beherrsche, wird gleich zweimal betont, nachdem nämlich Gott zwei große Lichter gemacht habe (16) und nachdem er sie an die *rakiah*, an das Himmelsgewölbe gegeben habe (17). Solche äußeren formalen Feststellungen deuten nicht so sehr auf das besondere Interesse an der Sache hin, sondern lassen vermuten, daß die zweite Quelle ihrerseits mehrere Vorläufer gehabt hat. Wenn schließlich Sonne und Mond Licht und Finsternis voneinander trennen sollen, bezeichnet das noch einmal die unabhängige Eigenständigkeit dieser Quelle im Vergleich zu V.4b.

[99] יִשְׁצוּ הַמַּיִמ שֶׁרֶץ נֶפֶשׁ חַיָּה ; siehe dazu auch Gn. 2,7. Dort wird der Mensch ebenfalls als *näfesch hajah* bezeichnet.

[100] V.17 ist einer anderen Quelle zuzuorden.

[101] Und Gott schuf große Walfische und alles Getier, das da lebt und webt, davon das Wasser wimmelt, ein jedes nach seiner Art, und alle gefiederten Vögel, einen jeden nach seiner Art. (*und Gott sah, daß es gut war*). Und Gott segnete sie und sprach: Seid fruchtbar und mehret euch und erfüllet das Wasser im Meer, und die Vögel sollen sich mehren auf Erden.

[102] Hier fand sich ursprünglich die Einfügung, daß der neue, der 7. Schöpfungstag kommt. Sie ist der Neugestaltung zum Opfer gefallen. Stattdessen finden wir in V.31c eine ganz deplazierte und zudem noch falsch korrigierte Zeitangabe wieder.

[103] Die Verwendung von *Elohim* als Plural ergibt sich aus בְּצַלְמֵנוּ *b'zalmenu*: nach unserem Bild.

Literarisches · Marginales · Zentrales zur Theologie

Von Heinrich Albertz, Michael Benckert,
Katharina Coblenz, Heino Falcke, Eberhard Fincke,
Traugott Giesen, Peter Härtling, Dirk Heinrichs,
Karl Herbert, Klaus-Peter Hertzsch,
Reinhard Höppner, Gerhardt Hoffmann, Walter Jens,
Maria Jepsen, Aurel von Jüchen, Otto Kaiser,
Christian Krause, Jo Krummacher,
Günter Kunert, Gerd Lüdemann, Horst Lütten,
Henning Luther, Johanna Macholz,
Winfried Maechler, Kurt Marti,
Gerhard Marcel Martin, Dietrich Mendt,
A.M. Klaus Müller, Dietrich von Oppen,
Marietta Peitz, Gerhard Schneider,
Klaus von Stieglitz, Heinrich Vogel, Hanna Wolff,
Dankwart-Paul Zeller

Im Radius-Verlag
Olgastraße 114 · 70180 Stuttgart